# 城市适度人口容量：
# 理论、方法与应用

张海峰　编著

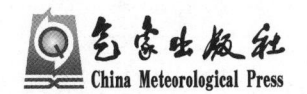

气象出版社
China Meteorological Press

## 内容简介

本书在充分借鉴前人研究成果的基础上,界定了城市适度人口容量及相关概念,梳理了适度人口容量研究的发展脉络,论述了不同历史阶段、不同视角、不同方法的适度人口容量研究进展、主要成果及主要结论,探讨了城市适度人口容量的影响因素,分析了资源、环境、经济与社会对其影响机理,阐述了城市适度人口容量的理论基础,讨论了适度人口容量估算方法与模型,并对西宁市适度人口容量进行了实证研究。

本书可供地理科学、人口科学、城市科学、区域发展与规划管理、城市规划、城市与区域可持续发展等领域的本科生和研究生阅读,也可供相关专业和领域的教师、研究人员和管理者参考。

### 图书在版编目(CIP)数据

城市适度人口容量:理论、方法与应用/张海峰编著.—北京:气象出版社,2013.11
ISBN 978-7-5029-5771-1

Ⅰ.①城⋯ Ⅱ.①张⋯ Ⅲ.①城市人口-人口容量-研究-中国 Ⅳ.①C924.24

中国版本图书馆 CIP 数据核字(2013)第 255843 号

Chengshi Shidu Renkou Rongliang:Lilun,Fangfa Yu Yingyong

### 城市适度人口容量:理论、方法与应用

张海峰　编著

| | | | |
|---|---|---|---|
| 出版发行: | 气象出版社 | | |
| 地　　址: | 北京市海淀区中关村南大街 46 号 | 邮政编码: | 100081 |
| 总 编 室: | 010-68407112 | 发 行 部: | 010-68409198 |
| 网　　址: | http://www.cmp.cma.gov.cn | E-mail: | qxcbs@cma.gov.cn |
| 责任编辑: | 黄海燕　蔺学东 | 终　　审: | 汪勤模 |
| 封面设计: | 博雅思企划 | 责任技编: | 吴庭芳 |
| 印　　刷: | 北京中新伟业印刷有限公司 | | |
| 开　　本: | 787 mm×1092 mm　1/16 | 印　　张: | 8.25 |
| 字　　数: | 205 千字 | | |
| 版　　次: | 2013 年 11 月第 1 版 | 印　　次: | 2013 年 11 月第 1 次印刷 |
| 定　　价: | 30.00 元 | | |

本书如存在文字不清、漏印以及缺页、倒页、脱页等,请与本社发行部联系调换。

# 前　言

城市,是人类走向成熟和文明的标志;城市,是人类文明精华的汇聚之地。今天,城市已成为经济社会发展的主体,人类社会已进入城市的世纪。城市化作为经济社会发展中不以人类意志为转移的必然现象,仍在以不同的内容和形式在世界的各个地区表现出来。中国自改革开放以来,伴随着经济的腾飞,城市化也取得了显著成就,2011 年中国内地城市化率首次突破 50%,由 1978 年的 17.9% 上升到 2011 年的 51.3%,2012 年城市化率超过了全球平均水平,达到 52.45%,预计 2030 年达到 65% 左右。

显然,城镇化的快速推进意味着越来越多的人口在城市地区集聚。但是,随着城市化和工业化的快速发展,城市人口和用地规模剧增,城市经济社会结构快速转型,公共需求全面快速增长,资源环境约束进一步趋紧,商务成本持续攀升,城市生态环境问题日趋严重,城市与环境的冲突日益突出,城市人口压力增大,城市人口容量对城市发展的约束进一步增强。人口拥挤、交通堵塞、雾霾天气、水资源匮乏、环境污染严重、生态危机重重,以及由上述问题引起城市人群易患身心疾病的现象逐渐凸显,而这些问题和矛盾又在一定程度上制约了城市的发展,加剧了城市管理的负担,使城市管理者陷入了两难困境。这些"城市病"的发生和加剧不仅消耗着人们的时间、精力,还影响着人们的健康,鲸吞蚕食着人们的幸福感,导致城市安全隐患增多、防灾能力脆弱,而且严重影响到自然资源的可持续利用及城市经济、社会、生态和文化的可持续发展。由此,关于城市人口容量及其承载力的问题引起了国内外学术界的诸多探讨:城市区域的人口承载力是否存在一个合理范围或近似阈值,如何判定,是否是动态变化的,如何在有限的土地与资源容量下承载更多的人口,不同类型及规模的城市对人口的吸纳与承载存在怎样的差异性,要解答这些问题迫切需要做更深入的研究。

基于上述认识,本书从城市人口与资源环境可持续发展的视角,对城市适度人口容量的原理、影响因素及测度方法进行探讨。全书共分 8 章,由张海峰拟定编写大纲并负责统稿,各章的执笔者为:

第 1 章　导言——张海峰

第 2 章　城市适度人口容量研究综述——张海峰

第 3 章　城市适度人口容量理论基础——张海峰

第 4 章　城市适度人口容量影响因素——张海峰

第 5 章　城市适度人口容量研究方法——张海峰

第 6 章　西宁市适度人口容量影响因素分析——张海峰和刘元梅

第 7 章　西宁市适度人口容量分析——刘元梅和张海峰

第 8 章　提高西宁市人口容量对策及建议——张海峰

本书是青海省科技厅应用基础研究计划项目(2011-Z-741)和青海师范大学科技创新计划项目(2010)"基于主体功能区划的高原河谷型城市适度人口容量研究——以西宁市为例"的研

究成果。

  本书在写作过程中,应用了国内外众多学者的研究成果与文献,并得到许多良师益友的无私帮助。在与北京大学吕斌教授,青海师范大学刘峰贵教授、李玲琴教授,青海省社会科学院朱华研究员的交流中,受到了许多启发。青海师范大学生命与地理科学学院研究生刘元梅、李明在资料收集与整理中做了很多具体工作。书稿由气象出版社蔺学东、黄海燕编辑审稿并提出了宝贵的修改意见。在此,一并表示诚挚的谢意!

  适度人口是一个逾久而弥新的课题,也是在一国或一地区社会经济发展规律的探索中十分敏感又十分重要和复杂的问题。本书是一种尝试,希望抛砖引玉,期待更好的此类著作涌现出来。不足之处,恳请读者批评指正!

# 目 录

前 言

| 第1章 导言 | 1 |
|---|---|
| 1.1 研究背景与选题意义 | 1 |
| 1.2 相关概念的界定 | 2 |
| 1.3 研究目标、思路与方法 | 6 |
| 1.4 特色与创新 | 7 |

| 第2章 城市适度人口容量研究综述 | 9 |
|---|---|
| 2.1 国外适度人口理论与进展 | 9 |
| 2.2 中国适度人口理论发展脉络 | 14 |
| 2.3 城市适度人口容量研究的争议及其原因 | 18 |

| 第3章 城市适度人口容量理论基础 | 22 |
|---|---|
| 3.1 人口再生产理论 | 22 |
| 3.2 人口承载力理论 | 28 |
| 3.3 城市化理论 | 38 |
| 3.4 系统论 | 46 |
| 3.5 可持续发展理论 | 47 |
| 3.6 木桶原理 | 51 |

| 第4章 城市适度人口容量影响因素 | 53 |
|---|---|
| 4.1 城市自然环境对人口容量的影响 | 53 |
| 4.2 城市社会经济对人口容量的影响 | 55 |

| 第5章 城市适度人口容量研究方法 | 58 |
|---|---|
| 5.1 城市适度人口容量单因子匹配法 | 58 |

5.2 城市适度人口容量多要素决策分析法 ………………………… 77

## 第6章 西宁市适度人口容量影响因素分析 ………………………… 80
  6.1 西宁市概况 …………………………………………………… 80
  6.2 西宁市自然资源与环境条件 ………………………………… 86
  6.3 西宁市社会经济条件及分析 ………………………………… 88
  6.4 西宁市人口发展现状及分析 ………………………………… 90
  6.5 西宁市人口发展预测 ………………………………………… 93

## 第7章 西宁市适度人口容量分析 ………………………………… 101
  7.1 自然资源约束的适度人口容量 ……………………………… 101
  7.2 经济适度人口计算 …………………………………………… 106
  7.3 基于"短板效应"的西宁市适度人口容量 ………………… 109
  7.4 西宁市适度人口容量计算结果与讨论 ……………………… 110

## 第8章 提高西宁市人口容量对策及建议 ………………………… 112

参考文献 …………………………………………………………… 114

# 第1章 导言

## 1.1 研究背景与选题意义

城市是创造和传承文明、集聚和享用财富及人口定居和繁衍的最主要地域,是区域经济与人口分布最集中的地方。城市是区域的核心,在区域的发展中起着带动、引导作用。同时,城市又是资源消耗和环境污染的集中区,是一个区域社会经济发展的重要载体(傅鸿源等,2009)。

党的十八大报告在全面建设小康社会经济目标中明确提出:"坚持走中国特色新型工业化、信息化、城镇化、农业现代化道路,推动信息化和工业化深度融合、工业化和城镇化良性互动、城镇化和农业现代化相互协调,促进工业化、信息化、城镇化、农业现代化同步发展。"在经济结构调整和发展方式转变中指出:"必须以改善需求结构、优化产业结构、促进区域协调发展、推进城镇化为重点,着力解决制约经济持续健康发展的重大结构性问题。"由此可以看出,城镇化在我国实现全面建设小康社会的实践中所占据的重要地位以及党中央对这一问题的高度重视。从一定意义上讲,我国全面建设小康社会经济目标及区域可持续发展能否顺利实现在很大程度上取决于城市的可持续发展。

改革开放以来,伴随着经济的腾飞,我国城市化也取得了显著成就。2011 年我国内地城市化率首次突破 50%,由 1978 年的 17.9% 上升到 2011 年的 51.3%(牛文元,2012)。城市的集聚效应也越来越明显。但是,随着城市化和工业化的飞速发展,城市人口和用地规模剧增,城市经济社会结构快速转型,公共需求全面快速增长,资源环境约束进一步趋紧,商务成本持续攀升,城市生态环境问题日趋严重,城市与环境的冲突日益突出,城市人口压力增大,城市人口容量对城市发展的约束进一步增强。人口拥挤、交通堵塞、雾霾天气、水资源匮乏、环境污染严重、生态危机重重,以及由上述问题引起城市人群易患身心疾病的现象逐渐凸显,而这些问题和矛盾又在一定程度上制约了城市的发展,加剧了城市管理的负担,使城市管理者陷入了两难困境。这些"城市病"的发生和加剧不仅消耗着人们的时间、精力,还影响着人们的健康,鲸吞蚕食着人们的幸福感,导致城市安全隐患增多、防灾能力脆弱,而且严重影响到自然资源的可持续利用及城市经济、社会、生态和文化的可持续发展。

城市人口容量是适度人口理论及可持续发展理论等在城市系统的具体体现和应用,是衡量城市可持续发展能力的重要指标和依据。如果一个城市的人口规模小于人口容量,则人口规模还有一定的扩张余地,而不至引起资源生态环境系统或社会经济系统的危机;如果城市人口规模大于人口容量,则说明城市人口对资源生态环境系统或社会经济系统的综合压力已超出这两个系统的最大承载能力。一旦出现第二种情况,将会引起城市所在地自然资源供给系统的永久性破坏,从而导致该城市人口容量的永久性减少或将引起城市社会经济系统功能紊乱,就会引起一系列社会经济问题。所以,在科学测定的基础上界定城市人口容量,采取适宜的手段使城市人口规模与其容量相适应,是城市健康发展的一项重要工作,它关系到城市居民的生活质量与幸福指数,关系到幸福城市的建设。同时,城市人口容量的高低在一定程度上决定了未来城市的人口规模及发展潜力,决定了城市综合竞争力的强弱。城市人口容量的大小是提高城市综合竞争力的先决条件,城市人口容量的提高为城市综合竞争力的增大提供了可能。正确把握城市人口容量的主要制约因素,科学定量评价城市人口容量已成为迫在眉睫的重大理论课题和实践任务。因此,研究城市人口容量显得十分重要,关系到国家和城市的可持续发展,为国家和地方政府的重大战略决策提供科学依据,有着重要的理论意义和现实意义。

本书在实证研究中选择以西宁市为例。西宁市是青海省省会,不仅是全省政治、经济、文化、科技、交通中心及主要工业基地,而且是青海省乃至青藏高原最适宜居住的城市。因此,西宁市已发展成为青海省乃至青藏高原人口最密集的地区。西宁市以其占全省1.03%的土地面积居住了全省36%的人口。而且,按照青海省主体功能区划要求,占青海省面积80%左右的限制开发区和禁止开发区主要用以提供生态产品,而包括西宁市在内的重点开发区集中60%以上的人口和70%以上的地区生产总值,提出在重点开发区,要进一步"加快人口集聚,加快推进城镇化,承接限制开发区域与禁止开发区域的人口转移"。那么,西宁市的适度人口容量究竟是多少,哪些因素是人口承载的最大短板,如何突破瓶颈、建设宜居家园,这些都是区域发展急需解答的现实问题。这不仅关系到西宁市区域经济与社会的和谐发展,而且影响到青海省乃至整个青藏高原区域经济与社会的和谐发展。因此,研究西宁市适度人口容量,对于摸清西宁市人口承载潜力,把握相关现象发展趋势,为政府制定相关战略和规划具有一定的参考价值。

## 1.2 相关概念的界定

由于人口及其相关概念是适度人口容量的基础性概念,因此,在详细讨论城市适度人口容量具体问题之前,有必要讨论一下人口规模和适度人口的一般性概念。

### 1.2.1 人口及人口规模等相关概念

人口(population)是指在一定时间内居住在一定地域和社会范围内人群的总体,即居住在一定地区,并构成某一社会的那些人所组成的一个复杂的、多样的总体。它是最重要的社会物质生活条件,是社会生产的基础和主体,是一切社会现象的承担者和一切社会生活的出发点。人口具有自然的和社会的双重属性。自然属性是人口存在和发展的自然基础,社会属性是人口的本质属性。人口作为一个生物群体,同其他生物一样,有其自然属性,即人口的生物本性。有出生、成长、衰老、死亡的生命过程,也有自身遗传、变异及全部生理机能。人口的自然属性影响着人口的数量和质量,是人口存在和发展的生物基础。人口的社会属性,即人口作为社生活的主体所具有的特性。物质资料生产是人口存在和发展的物质基础。人类从事物质资料生产活动,一方面与自然发生关系,从事改造自然、获取物质资料的生活;另一方面彼此结成一定的不以他们意志为转移的关系,即生产关系。同时在社会生活的其他领域中,人们彼此还形成各种不同的政治关系、文化关系、民族关系、家庭关系、宗教关系,以及由这些关系派生的其他关系。人的任何活动(政治的、经济的、文化的、民族的、宗教的等)都是在社会联系中进行的。人总是处在一定的社会关系中,是这些社会关系的体现者。人的本质并不是单个人所固有的抽象物,在其现实性上,它是一切社会关系的总和(中共中央马克思恩格斯列宁斯大林著作编译局,1995)。人口有年龄、性别、种族、部门、职业、民族、文化、地域等规定性,其统计指标也有多种。

由于人口规模表示指标的多样性,不同的统计口径之间有显著差异,因此,有必要对其做一简要说明。

户籍人口(the registered population):指在规划范围内的公安户籍管理机关登记了常住户口的人口。

流动人口(floating population):一般指人在某地、而其户口并不在该地的人,即指本人在规划范围内,户口所在地却在规划范围以外的人口;亦即规划范围内的非户籍人口。

常住人口(residential population):常用于人口统计,一般指已在某地持续居住一定时间以上的人口,包括满足该时限要求的户籍人口和流动人口,时限通常有半年以上、一年以上等不同口径。第六次人口普查关于常住人口的界定是指居住在本辖区、户口在本辖区或者户口待定的人;居住在本辖区、离开户口所在地半年以上的人;户口在本辖区、外出不满半年或在境外工作学习的人。

市(县)域总人口(total population of a city/county):一般指生活在一个市(县)行政管辖范围内的人口总量。在城乡规划中,一般是指生活在市(县)行政管辖范围内的常住人口数。

人口规模(population size):是在城市地理学研究及城市规划编制工作中所指的一个城镇人口数量的多少(或大小)。一般指居住生活在城市和城镇地区的人口数量,因此,又称为城市人口规模(urban population size)。

人口增长:人口增长主要是指人口数量的增长,人口增长是一个动态变化的过程,包括自然变动和机械变动,自然变动是由于人口的自然属性出生和死亡构成,机械变动是由于人口的迁入和迁出构成。

人口结构(population structure):反映一定地区、一定时点人口总体内部各种不同质的规定性的数量比例关系,又称人口构成。它主要包括人口的自然结构、社会结构和经济结构。人口的自然结构分为年龄结构与性别结构;社会结构分为民族结构、家庭结构、婚姻结构、社会阶层结构、受教育程度结构等;经济结构分为行业结构、职业结构、劳动力资源结构。

## 1.2.2 适度人口与人口容量等相关概念

尽管人类对人口容量的关注与研究已有近 400 年的历史(Cohen,1995),但到目前为止,尚未形成统一认识。与其相关的概念层出不穷,有人口承载力、适度人口及人口容量等,仅与人口承载力相关的概念就多达十几条。为了研究问题的方便,需要廓清概念,这里对主要概念及其区别与联系做简要介绍,这些概念的起源及演进参见本书第2章。

资源承载力(resources carrying capacity)。1921 年,帕克与伯克斯在人类生态学相关杂志的文章中提出"承载力"一词。这一概念最早运用于生态学,是指在某一特定环境条件下(主要指生存空间、营养物质、阳光等生态因子的组合),某种个体存在数量的最高极限。联合国教科文组织对资源承载力的定义是:一个国家或地区的资源承载力是指在可以预见的时期内,利用本地的能源和其他资源及智力、技术等,在保证与其社会文化准则相符的物质生活水平下能够持续供养的人口数量。牛文元(2012)将资源承载力的概念阐述为"一个国家或一个地区资源的数量和质量,对该空间内人口的基本生存和发展的支撑力"。

人口承载力(population capacity)。早期的人口承载力主要从资源环境角度研究某地可容纳人口的数量,与资源承载力同义。现在的人口承载力概念内涵及外延更广泛,涵盖了区域资源、环境及社会经济等条件,一般是指在一定的社会发展阶段,由当时的资源潜力和开发条件、社会经济、文化及科学技术水平决定的,以一定的资源消耗水平为准则的,一定地域空间范围内所能容纳的人口数量,因此,又称为综合承载力。联合国教科文组织的定义为:一国或一地区在可以预见的时期内,利用该地的能源和其他自然资源及智力、技术等条件,在保证符合社会文化准则的物质生活水平条件下,所能持续供养的人口数量。

环境承载力(environmental carrying capacity)。环境承载力是承载力这一术语被应用于环境科学中后形成的,早期用于牧场管理中,主要指草地资源承载力,后来这一概念不断被扩充至各种自然资源,如土地承载力、淡水资源承载力、森林资源承载力等。发展到今天,环境承载力的内涵与资源承载力、人口承载力几乎没有差别。洪阳等(1998)认为,环境承载力是指某一时期、某种环境状态下,某地区的环境对人类社会经济活动的支持能力的阈值。评价环境承载力的指标体系可以分为三类:一是自然资源支持力指标,包括不可再生资源及在生产周期内不能更新的可再生资源,如化石燃料、金属矿产资源、土地资源等;二是环境生产支持力指标,包括生产周期内可更新资源的再生量,如生物资源、水、空气等,污染物的迁移、扩散能力,环境消纳污染物的能力;三是社会经济技术支持水平指标,包括社会物质基础、产业结构、经济综合水平、技术支持系统等。

由此可见,资源承载力、环境承载力与人口承载力三者的实质是一样的,探讨的是人类社会与资源环境之间的关系,即在一定的社会发展阶段,由当时的资源潜力和开发条件、社会经济、文化及科学技术水平决定的,以一定的消费水平为准则的,一定地域空间范围内所能容纳的人口数量。

人口容量(population capacity)。人口容量是一个较概括的概念,一般指某一国家或地区在一定时期内,在一定社会经济条件下所能容纳的人口数量。国内不同学者给出了不同的概念,毛志峰(1995)从生态学的角度定义人口容量,他认为,人口容量是指在一定时期内,能够保障生态环境能量循环相对均衡和不断满足人口生活消费水平提高条件下,地球或某一开放疆域的自然资源在长期稳定合理开发利用基础上所能抚养的人口数量。潘纪一(1988)在《人口生态学》中指出,人口容量的概念即在给定的环境条件下,全球或一个地区生态系统所能维持的最高人数。

由于考虑的范围、时期、条件和目标不同,人口容量也就具有了不同的涵义,所以在对人口容量进行研究时关键要明确研究的角度和具体规定。人口容量由于研究区域不同或研究视角不同,会有各自相应的名称,如城市人口容量、经济人口容量、环境人口容量等。

适度人口(optimum population capacity)。适度人口是指一国家或地区在一定时期内按一定标准所能供养的最优人口数量。从空间的角度来说,一定区域所能容纳的人口数量是有限的,最终会达到一个上限,人口容量就是从零到上限值之间的值,这个数值可大可小;而适度人口是从资源、环境、生态与人类的角度出发,在概念上强调各种关系达到最协调状态下的人口规模,是人与自然社会系统融洽相处的最优状态,适度人口容量是人口容量中的一个重要的子系统。

由此可见,人口容量表示在综合考虑各种因素后,某一确定区域所能容纳的人口数量。一般来说,对于某一确定城市,其人口规模具有一定的弹性,但这个弹性不是无限度的,有一定的取值范围。当它小于一定数值 M 时,会造成区域资源的浪费,导致效率低下;但当它大于一定数值 N 时,又会导致区域资源环境不堪重负,给区域生态造成不可恢复的损害;只有当它达到某一确定的数值 O 时,会使区域效率达到最大,而又不损害区域生态系统,即不损害可更新资源的持续利用或耗竭性资源的合理利用,人与自然和谐相处达到最优状态。这时,M 称为区域最小人口容量,N 称为区域最大人口容量,O 称为区域适度人口或者适度人口容量。显然,M<O<N。从对区域可持续性的影响来看,显然区域最大人口容量和适度人口容量更具现实意义。因此,有学者指出,应该明确区分最大人口容量和适度人口的概念。人类发展的目标应该是得到最大幸福,而不是最大数量的人口,适度人口规模一定比最大人口容量少得多(原新,1999)。

适度人口容量(optimum population capacity)。其含义同适度人口,是指某一国家或地区的生态系统和社会经济系统在一定时期内所能支持的人口规模,主要是指不损害生物圈或不耗尽可合理利用的不可更新资源的条件下的人口容量。考虑的范围、时期、条件和目标不同,人口合理容量也就不同。

城市适度人口容量(optimum population capacity of a city)。它又称城市适度人口,或城市人口容量,是适度人口容量在某一城市区域的具体应用,探讨的是一个城市的生态系统和社会经济系统能够支持多大人口规模的问题。城市适度人口容量是指在一定的时间、空间范围内,在一定的社会、经济和科学技术水平下,在满足城市生产、生活等各项活动正常进行的前提下,在自然条件、经济条件、社会文化历史等条件的共同作用下,城市所在的地域环境对城市建设发展规模及人们在城市中的各项活动所具有的容许限度。

由此可见,虽然在这些概念提出的早期,它们的含义具有明显的差别,但在今天,人口承载力与人口容量或适度人口的实质已完全相同,均指在一定的时间、空间范围内,在一定的自然、社会、经济和科学技术水平共同作用下,在满足其生产、生活等各项活动正常进行的前提下,某一国家或地区(或城市)所在的地域环境所能够持续供养的人口规模。只不过人口容量的外延更大一些,包含了最小人口容量、最大人口容量与适度人口(或适度人口容量)的含义。而人口承载力与适度人口的内涵与外延趋于一致,只是研究视角不同,人口承载力研究视角侧重于自然,即资源与环境;适度人口的研究视角侧重于人。不论是对资源承载力、环境承载力、人口承载力的研究也好,还是对人口容量、适度人口的探讨也罢,其实质都是对人口与经济、社会、资源、环境关系的探究。这些研究是自 20 世纪中叶以来,随着人口、资源、环境关系的日益紧张而受到普遍重视。世界各国的专家、学者及有关机构从不同的角度出发,研究世界及各地区、各国家或各城市所能承载的人口数量,其最终目的就是寻求缓解人地关系紧张的途径,以提高人口的生活质量,推动区域可持续发展。

城市适度人口容量的特点是:综合性、动态性、复杂性。首先,由于适度人口涉及资源、环境、人口、经济、社会等多方面的因素,它们相互联系、相互影响、相互作用,这就决定了其研究的综合性。其次,基于自然资源或自然环境来测度人口承载力与自然地理条件、资源禀赋、技术手段、社会选择和价值观念等许多因素密切相关,社会、经济、科技等人文因素随着社会的发展而不断变化,这就决定了人口承载力不是固定的、静态的和非单一关系的,而是动态的。第三,人口、社会及经济要素的复杂性,决定了适度人口研究的复杂性。

## 1.3 研究目标、思路与方法

### 1.3.1 研究目标

(1)探索适度人口容量的影响要素,分析资源、环境、经济与社会对其影响机理。分析适度人口容量的主要影响要素,着重探讨资源、环境、经济与社会对适度人口容量的影响机理,为适度人口容量估算方法提供理论基础。

(2)梳理适度人口容量研究的发展脉络,厘清相关概念的区别与联系,探索研究的重点、难点与争议。

(3)明晰适度人口研究概念框架,论述适度人口容量的理论基础。

(4)探讨构建适度人口容量估算方法,构建适度人口容量估算模型。

(5)通过实证研究,为研究区域制定人口政策提供决策参考。

### 1.3.2 研究思路

(1)从古到今、从国外到国内,对已有的主要相关文献进行收集和阅读分析,梳理不同历史阶段、不同视角、不同方法的适度人口容量研究进展、主要成果及结论,界定主要概念,凝练关键问题。

(2)从分析适度人口的影响因素入手,剖析其内在机制,论述其理论基础。

(3)根据理论基础,选择定量研究的方法,构建数学模型,进行定量分析。

(4)选定具体城市,进行实证研究,提出相关对策与建议。

### 1.3.3 研究方法

(1)坚持理论联系实际,历史统计与现状分析相结合的方法。以城市适度人口理论及可持续发展人口理论为指导,对影响城市适度人口容量的因素及西宁市适度人口进行研究。

(2)定量与定性分析、实证分析与规范分析相结合的方法。通过对西宁市适度人口容量进行定量研究,并对研究结果进行定性分析,对西宁市人口问题及其策略提出建议。

(3)对比分析与系统研究相结合的方法。对西宁市经济发展适度人口与资源承载力进行对比研究,并结合人口、经济、资源、环境与可持续发展理论,对西宁市适度人口容量进行系统分析。

### 1.3.4 技术路线

城市适度人口容量研究技术路线如图1-1所示。

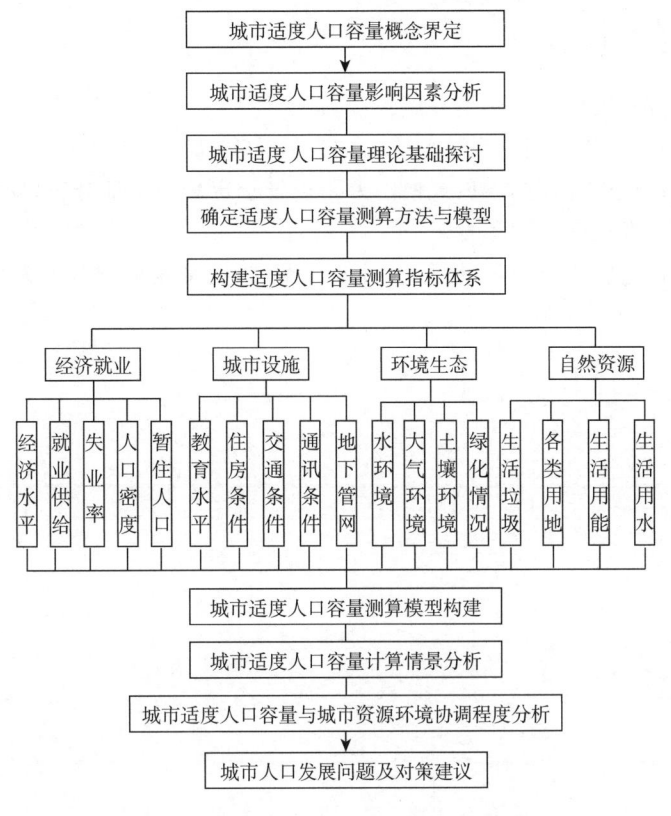

图 1-1　城市适度人口容量研究技术路线

## 1.4　特色与创新

### 1.4.1　本书特色

(1)对适度人口、人口容量及人口承载力等相关概念进行了界定。

(2)系统地梳理了人口容量及人口承载力的研究进展及脉络,对其关键问题进行了探讨及总结。

(3)系统地总结了人口容量及人口承载力的研究方法。

(4)研究视角从城市封闭型转向开放型,城市适度人口容量的限制条件应该根据要素流动性分别去分析。例如,对于基于耕地资源的粮食生产力限制所能承载的合理人口容量,如果忽视城市的开放性,忽视区际贸易对粮食流通的作用,以及人口大规模的区际流动的影响,就会把食物资源作为人口承载容量的唯一制约因素,从而得出"区域粮食产出总量从根本上决定着区域人口供养水平"的结论。现在,由于流通体系的完善,这种方法不能完全评价出可承载人口量,单纯以粮食为标志的土地承载力研究已不能客观反映不同国家或地区的人口容量状况。对于国家空间尺度的人口容量,应该以耕地生产的粮食满足国民粮食需求为主要约束条件;对于城市人口的粮食供应主要通过流通来解决;而对城市人口容量限制较大的则是城市居住生活空间及城市生态等要素,即主要考虑土地资源本身的特性——有限性及不可移动性等方面。

## 1.4.2 创新之处

(1)从人口、经济、资源环境协调发展角度,首次计算了西宁市 2012 年、2015 年及 2020 年的适度人口容量,对 10 年间西宁市适度人口的发展状况进行了研究。

(2)对适度人口规模与预测人口规模的差距进行了定量的实证分析,探讨了西宁市人口发展与经济、资源环境发展的协调程度。

(3)基于西宁市适度人口容量的研究,对人口发展、经济发展规划及资源可持续利用提出了战略建议。

# 第 2 章
# 城市适度人口容量研究综述

## 2.1 国外适度人口理论与进展

### 2.1.1 西方早期适度人口思想

#### 2.1.1.1 古希腊时代适度人口思想

适度人口思想古已有之,最早可以追溯到古希腊时代。柏拉图在《理想国》中提出了理想国的设想,阐述了"理想国"中的人口问题,提出"人口静止论"的观点,认为人口规模应该保持静止,只有保持人口的静止,才能使国家和平、谐和、有秩序,才能形成一个能够消除国内叛乱及争议的完美集团。在《法律论》中,提出"一个城邦的静止居民数应该为 5040 人",并主张通过法律手段进行人口数量调控(杨中新,1981)。柏拉图的弟子亚里士多德在他的《政治论》和《伦理学》等著作中明确阐述了"一个国家要不要规定一个具体的人口数目"这一论题,他认为"最完善最美丽的国家,即是能够维持人口数目使之不超出一定限度的国家",认为人口规模应当适度,极力反对人口过剩,但也不主张人口过少。在他看来,衡量一国人口规模是否合理的标准是看经济上是否能自给自足,政治上是否便于管理。亚里士多德认为,一个好的政治家,一个好的政府应当把人口规模与经济发展及政治管理联系起来。

#### 2.1.1.2 重商主义适度人口思想

重商主义(mercantilism)是封建主义解体之后 16—17 世纪西欧资本原始积累时期的一种经济理论或经济体系,反映资本原始积累时期商业资产阶级利益的经济理论和政策体系。重商主义视人口为国力和财富的源泉,认为人口多,工资低,竞争力就强,财富就会增长,国力也会强大;主张通过增加人口来达到国家经济和军事的富强;主要代表人物有意大利思想家、早期重商主义者乔万尼·保太罗(Giovanni Botero,1544—1617 年)和法国让·巴普蒂斯特·柯尔贝尔(Jean Baptiste Colbert,1619—1683 年)等(陈孟熙,2003)。保太罗在西方人口思想史占有重要地位,他的人口思想集中体现在《城市论》(1588)和《国政论》(1589)两本著作中。他在《城市论》中提出"城市规模的大小受营养力支配"。他认为城市人口的增长,一部分是由于人的"生殖力",另一部分是由于城市自身维持这一生殖力的"营养力"。人的生殖力几千年来变化不大,所以,如果没有什么阻碍,城市人口是会无限增多的。但由于作用于城市人口增长的另一支力量——营养力在量上的不足,限制了人口增长,往往使人口增长成为泡影。何谓营养力? 保太罗解释为,"一方面指土地的力量;另一方面指能否具有从其他国家获得粮食以供应城市人口的力量"。他认为应该做好维持城市人口数量的工作,提出维持的办法为"正义、和平及丰富人们的食物及商品"(杨中新,1986)。

### 2.1.1.3 重农学派适度人口观

重商主义认为,人口的多寡关系到国家财富的增长及国力的强弱,因而主张通过增加人口来达到国家经济和军事的富强。与此相反,形成于 18 世纪 50—70 年代的法国重农学派则以自然秩序为最高信条,视农业为财富的唯一来源和社会一切收入的基础,认为保障财产权利和个人经济自由是社会繁荣的必要因素。弗朗斯瓦·魁奈(Francois Quesnay,1694—1774 年)是法国重农学派的创始人和重要代表,其人口思想散见于《租地农场主论》、《谷物论》、《苏黎世王国经济精华》、《农业国经济统治的一般准则》、《人口论及其对未来社会进步的影响》(以下简称《人口论》)等著作之中。在《农业国经济统治的一般准则》中明确提出"土地是财富的唯一源泉,只有农业能够增加财富","人们收入的增加比人口的增加更重要,更值得去关注"。《人口论》开宗明义的第一句话就说"构成国家强大的因素是人"。魁奈从人口变动的视角分析了人口规模与国民财富的关系,认为"国民财富的变动决定人口的变动,人口数量与财富数量之间必须保持适当的比例"。他既反对人口过少,也反对人口过多。他认为"人口过少或过多,都会阻碍国民财富的增加"(陈幼其,1982)。

## 2.1.2 欧美古典学派适度人口论

### 2.1.2.1 马尔萨斯适度人口观

1798 年,英国资产阶级庸俗经济学家托马斯·罗伯特·马尔萨斯(Thomas Robert Malthus,1766—1834 年)发表了《人口论》,引起了英国社会的巨大关注。1799 年,他到瑞典、挪威、芬兰和俄国调查土地、粮食与人口的关系。1802 年,他访问了法国和瑞士。次年,对其著作进行了修改补充,出版了第二版。

马尔萨斯的人口论有三个主要的观点,即"两个公理"、"两个级数"和"两种抑制"。"两个公理":第一是"食物是人类生活所必需的";第二是"两性间的情欲是必然的,在将来也是如此"。"两个级数":"人口在没有阻碍的条件下是以几何级数增加,而生活资料只能以算术级数增加。稍微熟悉数学的人都知道,前者比后者在增长速度和数量上要大得多";"根据自然规律,食物是生活所必需,这两个不相等的量就必须保持平衡"。"两种抑制":当人口增长超过生活资料增长,二者出现不平衡时,自然规律就强使二者恢复平衡。恢复平衡的手段,一种是战争、灾荒、瘟疫等,对此,马尔萨斯称其为"积极抑制";另一种是要那些无力赡养子女的人不要结婚,马氏称其为"道德抑制"。

### 2.1.2.2 穆勒适度人口思想

1848 年,约翰·斯图亚特·穆勒(John Stuart Mill,1806—1873 年)发表了《政治经济学原理》一书,指出人口增长会扩大对食品的需求,这时若不同时提高生产力,那么人均食品量就会减少,所以人口同生产水平之间似乎应该存在着一种合理的比例关系(Mill,1917)。穆勒的理论当时并没有引起多少关注。

### 2.1.2.3 坎南适度人口理论

埃德文·坎南(Edwin Cannan,1861—1935年)是英国剑桥学派的代表人物之一,在其1888年出版的《基础政治经济学》和1914年第一次出版的《财富论》一书中,明确提出了适度人口的概念及理论,被认为是适度人口理论成为独立理论的重要标志,因而坎南被认为是近代资产阶级适度人口理论的鼻祖(彭松建,1984)。

坎南是在探讨人们在获取财富时,针对人数的多寡对获取财富多少的关系问题上提出适度人口概念的。他认为,"在任何确定时期,在一定的土地上生存的、达到产业最大生产率的人口是一定的"(坎南,1888),这一使产业达到最大生产率的人口数量就是适度人口。

坎南试图在知识、技术进步条件下,寻求人口与土地之间的平衡点,即探讨两者之间的适度比例关系,他的适度人口理论主要包括三点。一是人口与土地的关系。在分析这个问题上,他首先假设,在社会分工与协作出现之前,如果世界上只有一个人,当然不存在人口问题,如果人口越来越多,则情况就发生了变化。人口越多,每个人所分得的土地越少,因而人口众多则弊多利少。在社会分工和协作出现以后,人们可以从协作中获得利益,通过科学技术的进步及交通工具的多样化,可以耕种更为边远、更为贫瘠的土地。但是,坎南认为,人口与土地的关系并不是无限制的,土地的承载能力是有限的,地球的负载能力也无法改变,在人口与土地之间,不是人越多越好,也不是土地越多越好,人口与土地的比例必须达到平衡(坎南,1928)。二是适度人口问题。人口与土地之间的比例如何确定,坎南主张从经济学角度分析这个问题,提出将适度人口作为人口法则,把产业能获得最大收益时的人口作为适度人口。单凭人口的增加或减少并不一定会使产业的生产率降低或上升。适度的人口规模才能获得最大的生产率。在生产条件不变的情况下,只有当人口的增长超过一定的限度时,才可使生产率下降,这时,限制人口增长,甚至适度减少人口,则可能使生产率上升。在坎南看来,人口与生产率、经济效益之间都存在着最优比例关系,适度人口理论就是对这种比例关系加以探讨,以寻求一个获得最大经济效益的人口规模。三是适度人口的动态性。适度人口是否固定不变呢?坎南回答说,"这是非常重要的一点,即如果假设无论是整个产业,还是一种产业,最大的收益点是长久固定不变的,那是极为荒谬的。随着知识的进步和其他条件的变化,最大收益点的位置是经常变动的"(坎南,1928)。因而,适度人口也不是固定不变的。坎南认为,知识和技术的不断进步,会推动产业最大收益也发生着变化,产业达到最大收益时的人口——适度人口也发生着相应变化,并且推动最大收益点不断向着有利于增加人口的方向移动。针对当时西方各国人口出生率下降的趋势,坎南呼吁,适应知识技术的进步和经济的增长要求应增加人口。当然坎南是从维护资本主义制度出发,为了资产阶级剥削更多的劳动力而呼吁增加人口。

坎南除了从知识、科学技术进步来分析适度人口不是固定不变的之外,还从人口本身的变化来进行阐述。他指出人口数量也是经常变动的,人口数量的变动不是取决于魔术师的变戏法,而是因人口的出生而增加,又因人口的死亡而减少。如果不发生大瘟疫或大屠杀,那么,死亡总是遵循一个正常的过程,即主要取决于以前的出生人数。坎南提出,"我们在考虑某个特定时点的适度人口时,不能只拘泥于那个时期。应该记住,这一代人口是前一代人口存在的结果,并且又是后一代人口出现的原因;还要记住,适度人口,就是从长远来看的最适度人口。因此,任何特定时期的适度人口,无论是增加或是减少,增加是快或是慢,都是同在最可能的界限内活动的人口相适应的"(坎南,1930)。从这里可以看出,坎南不是从孤立的某一时点来考察适度人口规模是否达到,而是把适度人口看作是一个正常的人口运动过程,来考察人口数量与产业达到最大收益的关系。

#### 2.1.2.4 维克塞尔适度人口论

瑞典经济学者、著名的适度人口学家克努特·维克塞尔(Knut Wicksell,1851—1926年)在继承和发展前人研究成果的基础上,从当时欧洲各国情况出发,对人口问题做了深入研究,认为对于任何一个国家来说,什么样的人口密度最有利,如何恢复并保持出生率与死亡率之间的平衡,是两个至关重要的问题。他发展了适度人口规模的思想,提倡节制生育、降低人口出生率以提高生活水平。1910年维克塞尔出版了《适度人口》一书,提出一个国家的人口增长必须与该国经济发展和科学技术的进步相适应,特别要考虑工农业生产能力,使人口密度合理化。一个国家的人口必须能为它的工业潜力所允许的最大规模所容纳。一方面,当人口增长时,土地和自然资源按人口平均的数量就会减少,劳动生产率随之就要降低;但另一方面,人口的增长却使更多的合作、更细致的劳动分工及更有效的工业组织成为可能。当这两种相反趋势互相抵消时,便会出现一种适度人口规模。他指出,所谓适度人口,就是按人口平均计算的国民生产总值达到最大值的人口规模。这种人口规模不是固定不变的,随着知识的积累和新技术的发现,原来的适度人口规模会相应地扩大(崔功豪,2006)。

维克塞尔关于适度人口规模的思想,是继承前人研究成果,特别是继承人口极限论的最佳成果发展而来的。由于种种原因,维克塞尔关于适度人口规模的设想,没能得到进一步的发展。但其后的事实证明,他的这一思想,对于探讨适度人口与经济的关系具有重要启示,并有助于适度人口规模的实际预测和计算。

#### 2.1.2.5 卡尔·桑德斯适度人口密度理论

美国人口学家A.M.桑德斯发展了坎南的观点,将适度人口推广到"适度密度"。他于1922年出版了《人口问题》一书,认为人口的适度规模是在既定的自然环境、已经采用的技术水平、民众的风俗习惯和其他各种有关因素发生作用的条件下,一国能够"提供人均最大收益"的人口数量。后又提出"适度的人口密度",即在资源既定的条件下能使居民获得最高生活水平的人口密度(卡尔·桑德斯,1922)。

### 2.1.3 马克思主义适度人口学说

社会之所以称其为社会,必须以足够数量的人口为前提,要维持足够的人口规模就必须保障人口再生产的正常进行,而人口再生产离不开物质再生产的支撑。马克思、恩格斯从人的属性出发,阐述了两种再生产及自然、经济与社会发展之间的关系,其适度人口思想体现在相关的论述之中。

在马克思看来,人具有自然、社会和精神(思维)三方面的属性,这些属性相互联系、相互作用。首先,作为自然存在物,人是自然界的一部分,具有自然属性。其一,人来源于自然,是自然界发展到一定历史阶段的结果;其二,人依赖自然,须与自然界进行密切的物质、能量和信息交换,以维持自身的生存;其三,人与自然是统一的,人是自然的一部分,自然也是人的一部分,二者相互包含;最后,人还具有自然需要(袁贵仁,1996)。人的自然属性决定了人的行为及社会活动要受自然界的制约,人类生产必须与自然生产(环境生产)相适应。其次,马克思主义认为,人不仅具有自然属性,是自然存在物,更重要的是,人还是社会存在物,"是最名副其实的社会动物",具有社会属性。而社会属性才是人的本质属性,体现了人与其他动物的根本区别,影响和制约人的自然属性。人的社会属性表现在,人不但是在社会中产生的,而且也只有在一定的社会中才能生存与发展;另外,人与人之间具有较强的合作精神和归属感。这就促使我们要协调好人口再生产与物质再生产,以及人与人之间的关系。最后,"人是有意识的类存在物",具有精神属性(思维属性),具有意识和自我意识,可以能动地改造客观世界。在马克思看来,人的意识基础在于实践,但人的意识一旦形成,就会对实践产生巨大的反作用,从而影响甚或制约人对自然、对社会、对自身的利用与改造。

在马克思看来,两种再生产相互制约。马克思在《1857—1858 年经济学手稿》中这样写道:"不同的社会生产方式,有不同的人口增长规律和过剩人口增长规律;过剩人口同赤贫是一回事。""古代人遣送出去的移民就是过剩人口;也就是说,这些人在当时的物质所有制基础上,即在当时的生产条件下,不能在同一空间继续生活下去。"他由此得出结论:"总括了一切生产力发展的人口的增加,尤其要遇到外部的限制,因而表现为受限制的东西。""在一定生产基础上产生的过剩人口,也和当时的适度人口一样,都是被决定了的。""人口究竟能在多大程度上超出它的限制,这是由限制本身决定的,或者确切些说,是由设定这个限制的那同一个基础决定的。"马克思(中共中央马克思恩格斯列宁斯大林著作编译局,1980)所指的外部限制即社会条件,尤其是生产资料的所有制形式。马克思明确提出了"适度人口"概念,认为特定时间和空间范围内的生产条件是有限的,有限的生产条件只能养活有限的人口,一旦人口的数量超过这个限度便形成过剩人口。也就是说,自然条件是制约有限时空范围内人口数量的基本因素。虽然人口数量可以随生产条件的变化而变化,但是始终摆脱不了自然条件的限制。

马克思(中共中央马克思恩格斯列宁斯大林著作编译局,1995)认为,"同总产品相比,一个国家的生产人口愈少,国家就愈富;对于单个资本家来说也完全是这样,为了生产同量的剩余价值,他必须使用的工人愈少愈好。在产品量相同的情况下,同非生产人口相比,一个国家的生产人口愈少,国家就愈富。因为生产人口相对的少,不过是劳动生产率相对的高的另一种表现。"也就是说:一定时期在总产量不变的条件下,生产人口减少,就意味着劳动生产率提高;同时,剩余价值和积累也会增加,减少出来的生产人口又可以投入其他行业,进而扩大社会再生产的规模,引起财富的增加,国家也就更加富裕。另一方面,一国在产品总量相同的情况下,总人口越少,人均占有的产品就越多,总体上就越富裕。

马克思主义认为,各国在不同的历史条件下和社会发展阶段上会面临不同的人口问题,国家应该根据人口资源状况和经济社会发展的水平进行人口调节。恩格斯于 1865 年提出:当现有生产潜力得到充分发挥,自然资源得到充分利用时,若仍存在生活资料匮乏的现象,就应当控制人口(中共中央马克思恩格斯列宁斯大林著作编译局,1995)。1881 年,恩格斯在《反杜林论》中提出:"人类数量增多到必须为其增长规定一个限度的这种抽象可能性当然是存在的。但是,如果说共产主义社会在将来某个时候不得不像已经对物的生产进行调节那样,同时也对人的生产进行调节,那么正是这个社会,而且只有这个社会才能无困难地做到这点。""无论如何,共产主义社会中的人们自己会决定,是否应当为此采取某种措施,在什么时候,用什么办法,以及究竟是什么样的措施。我不认为自己有向他们提出这方面的建议和劝导的使命。"可见,马克思、恩格斯不仅承认一定条件下客观上存在着一个人口再生产的限度,而且所揭示的人类自身再生产必须与物质资料的生产相适应的规律,本身就是适度人口思想的高屋建瓴。

特别是其相对过剩人口概念的提出就与适度人口相对应。与马尔萨斯适度人口论不同的是，马克思主义适度人口论提出，考察适度人口不仅要从社会总需求上去辨析，而且要从物质财富的社会分配中去鉴别，从而寻求真正的社会适度人口和围绕适度人口所应采取的控制策略，这无疑为我们今天研究适度人口及其应对策略提供了重要借鉴。

### 2.1.4　西方现代适度人口学说

20世纪20—30年代，适度人口论得到西方许多人口学者的赞同。1927年在日内瓦召开的第一次国际人口学会议和1937年的巴黎国际人口学会议上，适度人口论占据了支配地位。法国人口学家A.兰德里曾宣称，"适度人口"是"能保证人种的最大幸福的人口"。

美国人口学者、社会学家汤普森(W. S. Thomson)则强调非经济因素对人口发展的影响，还强调人口数量多寡和福利增减的关系。

1938年，国际联盟出版了《适度人口》丛刊，人口学者费伦奇(J. Ferenchi)认为，"适度人口"是在一定科学技术水平下，按人口平均能使每个人获得最高收入的人口规模。他还提出了适度人口质量的概念并主张用优生学的办法来调节人口素质。

对适度人口问题最全面的论述要数法国人口学家阿尔弗雷德·索维(Alfred Sauvy)。索维先后于1952年和1954年出版的《人口通论》上、下册，在西方被认为是一部全面系统地阐述适度人口的著作。在该书中，索维(1983)认为，"适度人口就是一个以最令人满意的方式，达到某项特定目标之人口"，目标有多少个，"适度"也相应地有多少个。除经济适度人口之外，还有文化适度、政治适度甚至美学上的适度人口等。索维为适度人口设立了9个目标：个人福利、福利总和、财富增加、就业、实力、健康长寿、寿命总和、文化知识、居民人数，认为实现这9个目标的人口规模就是适度人口容量。他不仅考察人口规模变动和经济进步的关系，而且把适度人口概念扩大到非经济领域，提出以国力和军力来衡量实力适度人口模型(实力适度人口指一国达到最大实力时的人口)。在考察经济适度人口时，他提出人口"适度增长"的概念，并对技术进步和生产率提高对适度人口的影响进行分析。此外，索维通过对人口变动带来的效益和花费的均衡分析，提出经济适度人口增长率的概念，即相对于经济增长率而言对社会发展最有益的人口增长率。

## 2.2　中国适度人口理论发展脉络

### 2.2.1　中国古代适度人口思想(百度百科)

在中国古代社会，以手工劳动为基础的自然经济占统治地位，劳动和土地是财富的源泉。经济增长和劳动生产率的提高主要靠协作和分工的发展，这要以一定数量和密度的劳动人口的存在为前提。劳动人口又是统治者的兵力、徭役和税收的源泉。在中央集权的封建专制国家形成以后，怎样获得大量劳力、兵源和税源，更是历代王朝为巩固自己的统治最关心的问题。因此，中国古代人口思想以主张人口大量增长为多，但是，每当社会经济由盛转衰，一国人口相对于生产条件而过剩时，便往往出现反对人口增长过多过快、主张控制人口规模的思想。

商鞅(约公元前390—前338年)最先明确提出人口和土地要相适应的思想，他认为，国家富强在于农战，而要搞好农业，就应当使人口和土地的数量相适应，"地狭而民众者，民胜其地；

地广而民少者,地胜其民。""民过地,则国功寡而兵力少;地过民,则山泽财物不为用。"(《商君书·算地》)。他甚至具体计算出了"先王制土分民之律",即具有一定比例的可耕地的方百里土地足以居住五万耕作的农夫。

《管子》(大约成书于战国(前475—前221)时代至秦汉时期)一书也非常重视人口和土地的比例要适当的问题。在《乘马》等篇提出"地均以实数",即把各种土地按各自的收益折算成标准的耕地面积,以便和人口数量对比。它声称"富民有要,食民有率,率三十亩而足于卒岁"(《管子·禁藏》)。按照这个标准,"凡田野,万家之众,可食之地方五十里,可以为足矣"(《管子·八观》),即方五十里田野的适度人口是"万家之众"。它还认为有了土地要开垦,有了人口要使他们勤于耕种,否则"地大而不为,命曰土满;人众而不理,命曰人满;兵威而不止,命曰武满。三满而不至,国非其国也"(《管子·霸言》)。这些都体现了将人口与土地、劳动及生产资料等相结合的朦胧认识。

韩非(约公元前280—前233年)是我国古代最先明确表示反对人口增长过多过快的人,他认为这是当时社会纷争的根源。他把前人所谈的人口和土地的对比推进到人口和财货的对比来考察人口发展。他认为上古时代人民少而财有余,故民不争,而他所处的时代则不然,人口增长过多而财货不足,"今人有五子不为多,子又有五子,大父未死而有二十五孙。是以人民众而货财寡,事力劳而供养薄,故民争"(《韩非子·五蠹》)。他虽然把人多财寡看作"民争"的根源,但并不单纯主张消极地减少人口,而是要求尽可能地减少一切非生产人口,同时还主张积极发展农业。韩非对人口增长趋势的看法,后来成为中国古代反对人口增长过多过快的思想的主要渊源。

东汉时期,王符更明确地指出了人口和土地必须相称,"土多人少,莫出其财是谓虚土,可袭伐也。土少人众,民非其民,可匮竭也。是故土地人民必相称也"(《潜夫论·实边》)。

在封建社会后期,特别是到了清朝中期,中国人口在"滋生人丁,永不加赋"的政策导向下爆炸性增长,从几千万上升到一亿,然后成亿地翻番,到道光年间突破四亿。人口的供养生计问题,以及由此而引发的其他社会问题日益突出(钟家栋,1995)。反对人口增长过多过快的思想较前为盛。

宋末元初,马端临(约1254—1323年)把人口质量与人口数量增长联系起来进行考察,他声称古时"户口少而皆才智之人,后世生齿繁而多窳惰之辈",所以,古时"民众则其国强,民寡则其国弱";而他生活的时代人们才益乏而智益劣,因此"民之多寡不足为国之盛衰"(《文献通考·自序》)。他认为古时人口数量少但人口质量高,可以多增殖;后世人口是量多质劣,不应多增殖。

明末的徐光启(1562—1633年)认为,"生人之率大抵三十年而加一倍"(《农政全书·井田考》),所以江南地区日益人多地少,解决问题的根本办法是发展农业生产,尤其是把东南过剩人口迁移到西北,发展地旷人稀的西北地区的农业生产。

清代洪亮吉(1746—1809年)以一家为例,深刻而具体地揭示出人口增长过快必定会使土地、房屋及其他生活资料越来越紧张的道理,提出了系统地控制人口增长的主张。他在1793年写的著作《意言》中指出,治平之世的户口在成倍地增长,比三十年前增五倍,比六十年前增十倍,比百年前增二十倍。而田与屋远远不能适应人口的迅速增长。同是屋十间、田一顷,第一代供两口人用,第二代就要供十人用,第三代要供二十多人用,到玄孙一代人口增加至少五六十倍,一户人家至少分成十户,但田与屋一般不过增加一倍,最多三五倍,"是田与屋之数常处其不足,而户与口之数常处其有余也。又况有兼并之家,一人据百人之屋,一人占百户之田,何怪乎遭风雨霜露颠踣而死者之比比也"(《意言·治平篇》)。他认为解决的办法,一是"天地调剂法",即任凭水旱疾疫天灾减少人口;二是"君相调剂法",即由统治者采取措施,鼓励开荒、移民、限制兼并,实行减税、救济、发展生产等。他对解决人口问题的前景抱悲观态度,因为在他看来,天地不能不生人,而天地的养人的方法和产品数量有限,不足以供养成倍地增长的人口。洪亮吉的人口思想是封建社会末期经济危机在意识形态领域的一种反映。

### 2.2.2 中国近代适度人口研究(1840—1949年)

这一时期对适度人口的研究往往仅从纯粹学理的范畴中演绎,脱离了特定的社会环境,忽视了人口问题同中国社会根本问题及其他问题的关联性。汪士铎(1814—1889年)在1855年至1856年所写的《乙丙日记》中提出"民不可过少,亦万不容过多",明确指出只有人口适量才可富民。张敏如(1982)认为:"国家人浮于地者数倍,当有远谋。"说的是人应当深谋远虑,把全国人口控制在一个适当限度之内。他反对早婚、多子多福的思想,主张一对夫妇"可留一子,多不过二子",并提出药物避孕的节育措施。

20世纪20—30年代,陈长衡、陈达、许仕廉等学者发表了一系列人口学著作和论文,主张限制中国人口数量。1930年陈长衡在《三民主义与人口政策》一书中,提出:"适中的密度,是人口压迫降到零点时的密度,是国家种族最适于生存进化的密度。"随后的几年里,陈长衡对欧美经济适度人口思想进行反思和创新。1935年,陈长衡在《地理学报》发表《我国土地与人口问题之初步比较研究及国民经济建设之政策商榷》一文,否定了单纯以经济目标来判定人口适度与否的观点,提出了适度人口的综合性目标(邬沧萍,2006)。

### 2.2.3 中国现代适度人口研究(1949年以来)

新中国成立后,国泰民安,医疗条件大为改善,人口数量悄然增长。1953年6月开展的第一次全国人口普查结果显示,中国人口已经超过6亿。人口问题与经济问题的必然联系,引起了党和国家主管经济建设的领导人的重视。1955年3月,中共中央下发了《关于控制人口问题的指示》,提出党"赞成适当地节制生育"。中国人口理论研究重新开始活跃起来。包括20世纪20—30年代成名的人口节制论学者在内的一些社会学家、经济学家纷纷发表文章,再谈中国人口问题(钟家栋,1995)。学者对适度人口的探讨由理论转向实际应用,适度人口容量的定量分析从此拉开序幕,学者们试图通过适度人口容量的量化分析,以确定理想的人口目标,用适度人口来解决实际问题。

马寅初在1957年通过实地调查人口增长情况,分析了人口迅速增长同生产设备、工业原料、资金积累、就业压力、教育事业、科学技术、粮食增产、人民生活水平之间的矛盾,指出人口增长必须同国民经济发展相适应,并在量上保持一定的比例关系。他提出中国不仅要控制人口数量,而且要提高人口质量,认为控制人口的最好办法是实行计划生育,强调要普遍宣传避孕,切忌人工流产(马寅初,1979)。同年,著名社会学家孙本文教授从我国当时粮食生产水平和劳动就业角度,提出了8亿是中国最适宜的人口规模(穆光宗,2000),成为新中国成立后最早量化研究适度人口的代表之一。中国当时耕地总面积为1.10亿 $hm^2$,平均每人0.19 $hm^2$;1957年粮食总产量为1 928亿 kg,人均粮食370 kg。他认为如果农业技术进步,劳动生产率不断提高,粮食产量会继续增长。但是粮食产量的增长是有限度的,耕地面积本身也是有限度的。如果人口达到10亿以上,人均粮食大幅度增加就会有很大困难。其次,他分析了劳动就业问题,认为如果人口增长太多太快,就业会发生困难。如果把中国人口总数限制在8亿以内,是最适宜的(孙本文,1957)。

然而,马寅初、孙本文等学者的适度人口理论在随后的反右派运动中被当做"马尔萨斯主义的幽灵"遭到严厉的批判。在"文化大革命"期间,人口研究中断多年,适度人口研究也趋于停滞。此后,中国人口猛增的现实,很快就对这一时期人口理论的争论做出了公断。这一时期的适度人口理论,包含了关于人口问题丰厚的理论积淀,为计划生育人口政策的酝酿和实施及以后人口理论的复苏奠定了基础(汤兆云,2005)。

改革开放后,随着中国人口问题的日益突出和计划生育的开展,适度人口命题的讨论与研究工作又重新展开。同时,随着人口、资源、环境关系的日益紧张,人口容量(即某一国家或地区在一定时期内所能供养的人口数量)的研究也受到普遍重视。这一时期的中国适度人口问题研究取得了丰硕成果,达成了很多共识。但在确立人口发展目标等关键问题上,仍存在巨大分歧和激烈争论(高建昆,2010)。

田雪原和陈玉光(1981)从就业角度,量化分析了中国的经济适度人口。他们首先从经济发展速度,假定未来若干年内固定资产和劳动者技术装备的增长速度,然后,从生产性固定资金、劳动技术装备程度和工农业劳动者推算我国总人口。胡保生等(1981)用多目标决策方法,参照各国生产水平和生活水平,对社会、经济、资源等20多个因素进行可能度和满意度分析,求出100年后我国的适度人口规模。宋健等(1985)从食品资源、淡水资源角度估算了100年后我国适度人口容量。胡鞍钢(1989)从经济适度人口、资源承载人口、环境人口容量、防止人口严重老龄化的人口规模等角度综合分析,提出不同时期中国的适度人口目标:2000年总人口下限为12.5亿,上限为12.7亿;2020年总人口下限为13.8亿,上限为14.6亿;2050年总人口下限为13.1亿,上限为15.1亿;2100年总人口下限为10.2亿,上限为14.4亿。

20世纪90年代中期以来,学者们对适度人口容量的研究不断发展,很多学者开始从可持续发展的角度研究中国适度人口问题。程恩富(1996)指出,必须坚定不移地继续推行"控制人口数量、提高人口质量"的基本国策,并争取用100年左右时间使人口减至10亿或7亿之内。叶文虎等(1997)在马克思与恩格斯的两种生产理论的基础上,提出三种生产论。他们将由人类社会与环境组成的世界系统在基本层面上概括为三种生产(即物质生产、人的生产和环境生产)的联系。

20世纪90年代中后期至今,研究角度从国家层面适度人口量化研究转变到区域及城市适度人口量化研究,研究方法上也从基于资源总量估算适度人口容量发展到建立各种数学模型测算适度人口容量。典型的研究有:吴忠观等(1994)对四川省人口容量做了初步研究,他们首先认可,人口容量是以不破坏生态环境的平衡与稳定,保证资源的持续利用为前提下的理想人口或适度人口,然后,按照四川省的土地生产潜力、能源资源、淡水资源、森林资源拥有量,分类估算出四川省的适度人口;高更和等(1998)从人口、经济协调角度,探讨了国内生产总值、人口经济弹性系数、粮食产量等经济指标所决定的人口最大承载量和最适宜人口,估算出河南省2000年和2030年温饱型、小康型、富裕型的适度人口;彭希哲(2004)应用生态足迹模型对中国西部12省、直辖市、自治区生态适度人口进行估算;陈正(2005)借鉴朱宝树先生提出的P-R-E模型,对陕西省适度人口进行定量估计;代富强等(2006)运用"可能—满意度"法进行多目标决策,探讨济南市城市适度人口规模的"可能—满意度"模型("P-S"模型),并预测出2020

年济南市的城市适度人口规模。2008年汶川地震后,高晓路等(2010)结合国家汶川地震灾区资源环境承载力评估的工作任务,对区域人口容量分析的方法和技术流程进行了研究。依据区域人口和城市化发展的基本理论及汶川地震灾区的实际情况,他提出了以耕地总量为基本约束的人口容量测算思路,并对影响区域人口承载能力的各种区域经济发展条件进行了预测和分析,由此确定了测算人口容量的政策参数,构建了人口容量分析的计算机辅助决策模型,对灾区各县市的合理人口容量、人口超载情况及人口超载的不同类型,灾后人口调整方案进行了分析和测算,并提出了具体的政策建议,为灾后重建规划提供了重要基础和依据,同时为灾区中长期人口政策提供了决策参考。

## 2.3　城市适度人口容量研究的争议及其原因(张燕等,2013)

人类对人口容量的关注与研究已有近400年的历史(Cohen,1995),国内外许多学者就这一问题进行了持续不断的探索,做了大量研究工作,从马尔萨斯到马寅初,从人口理论到人口政策,从区域到城市,人口容量研究也几乎涉及或引发了各个时期最激烈的学术争论。但到目前为止,仍然有许多争议和问题亟待解决,而且这些问题涉及广大民众的切身利益,不论普通居民还是学者,抑或城市管理者,都有许多困惑。城市居民正在焦虑:人口还能增多吗,能取得城市户口吗,能不堵车吗,会限购(车)吗,何时限购,污染会好起来吗,$PM_{2.5}$会降下来吗,何时能降下来,未来房价会一直涨吗,会涨到多高。管理者追问,我们的城市人口容量有多大,合理规模有多大,要不要限制(放开)城市户口。研究者纠结,什么是城市人口容量,城市有容量吗,如何核算城市人口容量。概括地讲,产生人口容量研究的争议,主要有三个问题:适度人口的存在性、适度人口研究的必要性之争、适度人口容量核算的准确性之争。

### 2.3.1　城市适度人口容量研究的必要性之争

Hayden(1975)提出"承载力困境",认为"承载力"无法被有效测算,因而"承载力"研究也是没有实际意义的,更重要的是,"人口承载力"作为一个概念和测算手段从一开始就存在弊端,它没有充分的理论与学科支撑,应该被取代。相反地,Rees(1992)则认为,传统的城市发展过程中,忽视了城市生态系统的支撑能力,未能考虑与之适应的"适度规模的人口承载力",快速城市化进程中的生态不确定性与城市人口承载关系密切,因此要加强人口承载力研究。我国学者张得志(1994)认为,虽然目前没有一个非常精准的"人口容量"诠释,但是没有必要过分地批判"人口容量"这一提法的科学性,人口容量研究具有重要现实意义;特别是其研究成果能为区域经济发展、生态保护、居民安居乐业等提供科学决策参考。丁金宏(2010)认为,"敬畏人口容量,就是追求城市的健康发展,是政府对城市未来负责的表现,无视人口容量,就是拒绝城市的健康发展"。他有一个形象的比喻:"对于一个过于肥胖的人,医生可以劝告他过分肥胖会影响健康,甚至危及生命。他会说,胖了也要吃饭,吃饭就要长重量,没办法,随它去。"其实,拒绝减肥就是拒绝健康、拒绝长寿。同样,对于上海这样过度拥挤的超大城市,开展对人口容量的讨论,是基于对城市健康的价值追求,是政府对未来负责的表现,无视人口容量,就是拒绝健康发展(周一星,1992)。

## 2.3.2 城市适度人口容量存在性之争

长期以来,国内学术界对城市人口适度规模的理论研究在实际应用中存在较大争议。周一星(1992)认为,在中国,带人口数量指标的城市规模政策具有局限性,最佳城市规模只在理论上存在,实际的城市最佳规模是不存在的;城市职能与城市人口规模成正向关系;行政命令控制大城市发展规模的政策一定程度上是失灵的。相反的,夏海勇(2002)则认为,城市社会经济的最佳发展在客观上存在一个适度、合理的人口承载量;总人口规模太大或太小都不利于城市的发展。总人口规模太大,会对城市的社会经济发展及城市生态环境乃至居民的生活质量造成巨大的压力;而总人口规模过小,会因缺乏相应的人口规模效应而造成城市经济建设乃至基础设施建设投资的效益低下,带来社会财富的巨大浪费。此外,从资源环境容量及城镇体系布局角度,黄汉权(2010)建议,在全国范围内编制一个基于资源环境承载力的城镇体系规划,合理确定城市发展规模,针对不同地区的承载力确定城镇规模布局体系,促进城市化速度与城市承载力的协调发展,这可以表明不同地区城市人口发展存在理论上的适度规模,对国家政策制定具有参考价值。丁金宏(2010)认为,城市人口容量本质上是生态命题,不是经济命题。他认为从经济学上讲,任何人为设定的人口极限容量都会在科技、生产力的威力下破产。他以经济学家西蒙与人口学家埃尔里奇打过的一个著名的"十年之赌"为例,经济学家很乐观,人口学家很悲观,十年之后经济学家赢了,似乎全球的人都可以跟着乐观了。丁金宏(2010)认为,"但是,实际上全球意义上的人口极限容量没有因此消失,科技和生产力的进步只不过加快资源、能源的消耗,加快抵近人口容量极限的步伐,如果对此失去警觉,人类社会将在追求过程的快感中遽然崩溃"。我们认为,国家意义上的人口容量极限并没有消失,一个国家的资源、环境是有限的,能够承载的人口必定是有限的。尽管国家之间的贸易与援助会缓解一些国家短时期物资、资金匮乏(包括粮食短缺等)问题,但这些援助是有成本和有条件的,不是解决问题的根本所在。如果对此失去警觉,作为国家基本安全之一的粮食安全、生态安全等会受到威胁。在全球、国家及城市三个不同空间尺度的人口容量存在性质疑中,争议最大的是城市。在人类生存空间的边界约束上,地球的边界约束是最大的,国界次之,城市最小。这是由于到目前为止,地球仍然是人类唯一的家园,人类利用外太空资源或者向太空移民的条件和能力尚不具备。从国家尺度来看,尽管国家之间有人员、物资的流动及贸易的发生,但这些都是有约束条件的。对于城市而言,在流通经济十分发达的今天,尽管有些生产要素及生活物资可以最大限度地满足城市的需求,但仍然有些要素是硬性约束,如空间,其不可流动性决定了它对城市人口容量的刚性约束。当然,还有其他要素,如水资源(主要针对北方干旱地区的城市)、生态环境等,尽管其对城市人口容量的约束具有一定的弹性,但是当我们改善某些城市的这些条件使之能够适于人们生存的投入远远大于人们的承受能力时,它对城市人口容量的约束仍然无法突破。从这一点来讲,城市人口容量也是存在的。

## 2.3.3 城市适度人口容量核算结果准确性之争

尽管已有许多针对具体城市人口规模的实证研究成果,但是一些成果的准确性在现实中饱受质疑。例如,北京究竟能"装"多少人?如果翻看北京历年的数据,会发现北京人口规模预测在历史上是"测不准"的,北京的人口规划已经走入了一个"屡设屡破"的循环。1983年出台的《北京市城市建设总体规划方案》提出,"要把北京市到2000年的人口规模控制在1000万人左右"。仅仅3年后,1986年北京市总人口已达1000万。《北京城市总体规划方案(1991—2010)》要求,2010年北京市常住人口控制在1250万左右,事实是,2000年第五次全国人口普查结果显示,北京市常住人口已达1382万人;《北京城市总体规划(2004—2020)》提出,2020年北京的总人口规模要控制在1800万,但北京市统计局发布的数据显示,2011年北京市常住人口已达2018.6万人。可见,《北京城市总体规划(2004—2020)》总体规划所确定的2020年北京常住人口控制在1800万的目标提前9年被突破。与此类似,上海每次编制城市总体规划设定的人口发展目标同样也在很短时间内被突破,与北京不同的是,上海城市各方面的发展似乎没有因设定规模的突破而陷入危机,尽管北京城市的发展出现了空气污染、交通拥堵等现象,但结果并没有出现灾难性的后果,因此,有人认为控制大城市人口规模的发展方针既不科学,也没必要。但是,要强调的是这里的人口规模并非人口容量,城市人口规模的增大伴随着城市用地规模的扩张,城市人口容量是指在确定的城市用地空间上的适宜的人口规模。同样,对于城市人口容量的许多研究成果也遭到一些学者的质疑。丁金宏(2010)认为,城市人口容量是价值命题,不是工具命题。国内已经发展了不少计算人口容量的复杂模型,但是认真去追究模型参数,就会发现再复杂的计算模型也掩饰不住研究者的价值取向,总是显示或隐含着"我认为多大的密度是好的,多大的密度是不能接受的"判断。由此可见,对于城市人口容量本质认识的模糊性及其研究范式与核算模型的不成熟性是导致其核算结果不准确的主要原因。

### 2.3.4 城市适度人口容量研究争议的原因及问题

目前,城市人口容量研究主要存在如下问题。

(1)一些概念界定还不够清晰

国内外学者针对城市人口容量提出了不同的概念和内涵,但尚未对其内涵和外延加以准确界定,一些概念之间在内涵上存在重复。

(2)研究内容不够系统、全面

目前,基于资源、环境和生态要素的城市人口容量有了较为系统的研究,然而,基于社会、经济和文化视角的人口容量,如基于城市基础设施、城市安全、城市公共服务、城市文化等要素的研究较少。

(3)机理及内在机制研究不够深入

目前,学者们对于城市人口容量的影响因素方面有了较为全面的认识,但是对于这些因素作为城市人口容量的内在机制缺乏深入探讨。

(4)城市人口容量评价理论和评价模型不完善

正是由于上述问题的存在,即城市人口容量的概念、内涵的不确定性,城市系统的复杂性,以及城市人口容量核算的具体可实施操作评价模型不成熟性和研究范式的不完善性,导致其研究中许多争议的产生,严重影响了相关研究的健康发展。

### 2.3.5 城市适度人口容量研究展望

关于城市人口容量研究现状,部分学者也做了一些总结(陈卫,2000)。总体而言,目前研究已具有一定基础,但仍存在不少问题和不足,未来需要深化研究的内容至少包括以下两个方面。

(1)城市人口承载力的基础理论研究

一方面,承载力研究应该更深入地研究和探讨承载力的影响要素及其机制,构建一个系统的、完善的理论研究框架,并加强与之对应的方法学研究,这具有重大的学术价值。具体来说,如果存在一个人口规模,能使城市人口的经济效益、社会效益、生态效益等实现最大化,那么城市人口的这种均衡(或最优化)状态的实现机理与理论支撑是什么?进而,在不断创新承载力研究与测算方法的基础上,需要进一步探讨一定时期内特定的城市人口规模所对应的经济效益、社会效益与生态效益及其度量等(张燕等,2013)。另一方面,加强对制度、科技及文化等社会因素及人类社会的开放性对承载力影响的动态性、不确定性方面的研究,将是承载力研究获得突破的瓶颈。

(2)城市人口容量的研究范式与方法论研究

在相当长的一段时间里,人口容量研究更重要的是寻找一种更为有效和可操作的估算方法,以期在研究范式及模型构建方面取得突破,能够真正解决制约人口容量客观精确估算的关键问题,使其能够真正运用于当前人类可持续发展的实践之中。

# 第3章
# 城市适度人口容量理论基础

人类社会赖以存在和发展的两大基本支柱:一是人口再生产,二是物质再生产。人口再生产是基础,政治、经济、国防、文化及民族心理的安全都有赖于人口安全;社会可持续发展的前提是人口本身必须持续发展。没有人口的可持续发展,社会的可持续发展就无从谈起。同时,人口再生产又依赖于物质再生产,而且必须与物质再生产相适应(刘铮,1981)。人口与物质的再生产两者相互影响,相互作用,相互制约。物质再生产受人支配,但以资源环境为基础,物质再生产需要消耗资源,受制于资源环境,同时又反作用于资源环境,对其产生一定影响。对于确定的地域空间而言,其蕴藏的资源数量与环境空间是有限的,能够承载的人口数量也是有限的。受地域差异性的影响,不同区域人口能够承载的人口数量是不同的。虽然资源的流动性和高度发达的现代物流削弱了资源对某一具体区域人口规模的限制作用,但无论如何,不论就全球而言,还是某一国家(或地区),其中能够承载的人口必定有一个合理的规模。在上述所有要素中,人是唯一具有主观能动性的要素,人是其中的核心和关键,这些命题研究的出发点和根本目的是相同的,即都是为了人,为了人类社会的可持续发展。

城市是现代世界创造和传承文明、集聚和享用财富及人口定居和繁衍的最主要地域,是区域经济与人口分布最集中的地方。从功能上看,城市是区域的核心,而区域是城市的基础,城市在区域的发展中起带动、引导作用;而区域对城市发展的前途又有决定性影响,二者是相互联系、相互影响的。由于城市的空间相对于区域更有限,其对人口容量的限制作用更强,因此,城市适度人口容量研究更具有现实意义。

## 3.1 人口再生产理论

### 3.1.1 人口再生产概念

人口是人口理论研究的客体,人口再生产是人类社会赖以存在和发展的基本支柱,是人口学基本理论之一,也是分析人口容量的理论基础。

人口属性是人口再生产的基本问题,是人口所固有的性质和特点,包括自然和社会二重属性。自然属性是人口存在和发展的自然基础,社会属性是人口的本质属性(刘铮,1986)。

人口作为一个生物群体,同其他生物一样,有其自然属性,即人口的生物本性。有出生、成长、衰老、死亡的生命过程,也有自身遗传、变异及全部生理机能。人口的自然属性影响着人口的数量和质量,是人口存在和发展的生物基础。

人口的社会属性,即人口作为社会生活的主体所具有的特性。物质资料生产是人口存在和发展的物质基础。人类从事物质资料生产活动,一方面与自然发生关系,从事改造自然、获取物质资料的生活;另一方面彼此结成一定的不以他们意志为转移的关系,即生产关系。同时在社会生活的其他领域中,人们彼此还形成各种不同的政治关系、文化关系、民族关系、家庭关系、宗教关系,以及由这些关系派生的其他关系。人的任何活动(政治的、经济的、文化的、民族的、宗教的等)都是在社会联系中进行的。人总是处在一定的社会关系中,是这些社会关系的体现者。人的本质并不是单个人所固有的抽象物,在其现实性上,它是一切社会关系的总和(中共中央马克思恩格斯列宁斯大林著作编译局,1995)。

人口的自然属性和社会属性并不是平列的,社会属性是人口的本质属性,是人口区别于生物群体的根本标志。因为人口总是在一定的社会生产方式中生存和繁殖的,构成人口的自然属性的生物学规律,只有通过社会条件才能实现。正确认识人口自然属性和社会属性的相互关系,具有重大的理论意义和实践意义。只有承认人口的社会属性是本质属性,才能承认人口现象本质上是一种社会现象,人口规律是社会规律,人口学是一门社会科学。同时,也只有如实地把人口的社会属性看做本质属性,才能从社会方面分析人口的运动、发展和变化规律(刘铮,1986),才能对人口自身再生产规律进行客观、科学的分析和运用。

人口再生产有广义和狭义之分,广义人口再生产是指新一代人口出生、成长和老一代人口衰老、死亡不断重复的过程,通过新、旧世代更替,实现人口延续。狭义人口再生产仅指人口数量的变动过程,又称人口的自然变动。

人口属性决定了人口再生产既不同于动物,更不同于其他有机物。人口再生产过程是自然过程和社会过程的统一。其显著特征在于人口再生产具有社会目的属性,主要表现在:①实现单位不同,人口再生产是在各个分散的家庭中实现的;②人口再生产的周期长,它指两代人之间的平均间隔时间,现在一般都在20多年以上;③人口再生产具有惯性,人口政策的实施对人口再生产的影响具有较长的滞后性,人口惯性一旦形成,短期内难以迅速转变其变动的方向。

人口再生产可以从家庭(微观)和社会(宏观)两个角度来考察。人口总是在一定的社会生产方式下发展和增殖的,人口再生产具有社会的整体性。人口再生产又是通过家庭来进行的,因而又具有家庭的个别性。二者的联系表现在,社会人口再生产是无数家庭人口再生产活动的总和,制约它们的因素通常也是统一的。社会人口再生产和家庭人口再生产的矛盾表现在二者的要求并不经常完全一致,有时生产力的发展要求社会人口再生产不断扩大,而家庭却不愿生育子女;或者社会发展要求控制社会人口再生产的规模或速度,而家庭却要求多生育子女。当二者发生矛盾或冲突的时候,会产生哪些社会问题或人口问题,如何协调两者的关系,是当代世界制定人口政策必须要面对和考虑的问题。

### 3.1.2 人口再生产影响因素

(1)经济因素

经济因素对人口自然增长的作用主要表现在:它决定了人口的增殖条件和生存条件,通过改变人口的出生率和死亡率来影响人口的自然增长率。一般情况下,当人口数量不能满足经济发展对劳动力的需求时,人口自身的再生产必将会受到刺激;当人口数量超越了经济发展所能提供的消费总数后,人口自身的再生产必将受到遏制。在现代生产力水平下,人口的自然增长率往往随着经济水平的提高而下降。经济因素对人口机械增长也有重要影响。通常情况下,经济发达或发展速度较快的地区,对人口具有一种吸引力和凝聚力,人口机械增长为正值;相反,经济落后或经济发展速度缓慢的地区,对人口会产生一种排斥力和离散力,人口机械增长一般为负值。

(2)文化因素

这一因素更多地影响着人口的自然增长。随着科学文化水平的提高,人口自然增长率趋于下降,在现代社会这一趋势尤为明显,其表现主要在三个方面:一是由于人们接受教育年限的延长,平均婚龄也会相应推延;二是科学文化水平愈发达,人们的生理知识、育儿知识、保健知识就愈丰富,促成婴儿死亡率降低;三是人们的科学文化水平愈高,就愈注意自身及后代各项素质的提高,少生优育,把有限的收入用于将子女培养成具有更高科学文化素质的现代人。

(3)医疗卫生因素

医学的进步和医疗卫生事业的发展对人口出生率和死亡率有着直接影响。首先,它使得因各种疾病致死的死亡率下降,从而降低人口死亡率,延长人口平均寿命;其次,它对控制生育和实行优生优育有着积极的作用。

## 3.1.3 人口再生产类型

从历史上看,世界各国的人口再生产按照人口出生率、死亡率和自然增长率,可以划分出以下四种人口再生产类型。

(1)原始型

在人类社会发展早期,生产力水平极为低下,人们主要依靠天然食物来维持生存,抵御疾病和自然灾害的能力很低,加上战乱频繁,人口死亡率高,而且变化较大。人口出生率稳定在高水平,经常出现死亡率超过出生率的情况,人口增长速度极为缓慢。总体上表现为高出生率、高死亡率和很低的自然增长率。目前,这一类型仅见于一些发展中国家的个别地区。

(2)传统型

在以手工劳动为基础的农业经济条件下,生产力水平有了提高,促使粮食供应和人们的生存环境有了一定的改善,人口寿命延长,死亡率有所下降,但是仍然处于较高的水平。由于农业社会需要多生产子女来帮助从事农业生产,出生率仍然很高,人口增长速度有所加快。总体上表现为高出生率、较高的死亡率和较低的自然增长率。目前,这一类型的人口也仅见于少数发展中国家的一些地区。

(3)过渡型

产业革命带来了人类历史上生产力的大发展。人们的生活质量不断改善,特别是医疗卫生事业不断进步,导致人口死亡率持续下降,而且降幅较大。随着工业化和城市化水平的提高,加上节育措施的出现,出生率也有所下降,但是下降速度较慢,使得同期的出生率大大高于死亡率,自然增长率保持在较高水平上,人口增长迅速。总体上表现为高出生率、低死亡率和高自然增长率。目前,这一类型的代表性国家多为发展中国家,如亚洲的巴基斯坦。

(4) 现代型

随着生产力不断提高,特别是现代科技飞速发展,推动了社会进步和生活观念的变革。人们越来越倾向于晚婚晚育和小家庭,甚至不愿生育,使得出生率不断下降,趋于低水平并且逐步稳定,死亡率稳定在低水平,人口增长趋于低增长或者零增长,有时还出现负增长现象。总体上表现为低出生率、低死亡率和很低的自然增长率。目前,这一类型的代表性国家主要是一些发达国家。

## 3.1.4 人口再生产模式及转变

### 3.1.4.1 人口转变的概念

人口转变(demographic transition)是指由传统人口再生产类型(即高出生率、高死亡率和低自然增长率)向现代人口再生产类型(即低出生率、低死亡率和低自然增长率)过渡的过程及其结果(胡焕庸等,1984;Beaujeu,1978)。人口转变是对人口再生产模式的历史、现状和未来规律的总结。研究人口转变模式旨在揭示不同类型的国家或地区人口转变过程与经济再生产类型之间的相关规律(Lewis,1982)。人口转变过程不是一个独立自生的过程,而是与社会经济条件密切相关。发达国家与发展中国家在经济社会条件及发展过程上存在的根本性差别,决定了其人口转变模式的不同(王恩涌等,2000)。

### 3.1.4.2 人口转变的实质(王岸柳,2002)

在测度人口转变的三个指标中,自然增长率的变化取决于出生和死亡这两个人口变动的最根本因素,正是出生率和死亡率的不断变化共同作用于增长率,导致自然增长率的变化及人口总数的增减。而出生率和死亡率的变化取决于人口个体及族群所处的社会历史阶段,且与人们的经济和社会背景密切相关。

在传统农业社会,以手工劳动为基础的农业经济基本上是自然经济,尽管个体具有强烈的长生不老或长寿的渴望,但当时的医学和社会保障对疾病和灾荒基本上无能为力,种族与国家价值取向的冲突又使战乱频繁,死亡率的高水平波动需要高生育率来补偿,成为生育率的刚性制约;生育率的高水平相对稳定取决于如下的个体价值取向:①对死亡率的补偿;②以土地为核心的经济体系对劳动力尤其是男性劳动力的需求;③弱者实现个人价值意识的模糊和以数量代替质量的本能。这些因素决定了传统农业社会的"高位均衡"。

在现代工业社会,医疗卫生技术水平与体系的进步和完善使人类几千年梦寐以求的健康与长寿的追求得以实现,个体与族类的双重价值取向一致,死亡率稳定在低水平。没有了补偿死亡率的压力,现代生产方式和生活方式使个体对生育的价值取向发生了转变。多生、生男已无意义,且影响了个人对享乐和事业的追求,再加上节制生育在技术上的成熟,低生育率不可避免。低生育率与低死亡率决定了现代工业社会人口再生产的"低位均衡"。

两种均衡的确立和转换是自然历史过程,是人类社会发展的客观规律,其内在的决定因素是一定社会生产方式下个体对生育和死亡的价值取向。而个人或族类价值取向受不同国家或地区在现代化进程中所处阶段的制约。归根结底,人口转变是由现代化进程决定的,其实质是现代化在人口领域的反映。

### 3.1.4.3 人口转变经典理论

最早创立人口转变理论的学者是法国人口学家兰迪(A. Landy)和美国人口学家诺特斯坦

(F. W. Notestein)及寇尔(A. Coale)。

(1)兰迪"三个序列"理论

1934年,法国人口学家兰迪在《人口革命》一书中提出人口转变理论,但并没有给出"人口转变"的概念。他总结了法国的人口发展过程,概括为"三个序列",即人口过程的三个阶段,并用出生率、死亡率和人口增长率三个指标来描述各个阶段的特征。第一序列即原始阶段,人口增长的典型特征是极高的出生与死亡率、极低的自然增长率;第二序列即中间过渡阶段,高出生与高死亡率(两者较原始阶段低)、低自然增长率;第三序列即现代阶段,先是死亡率持续下降,出生率却维持不变,人口增长加速;随后出生率也开始下降,自然增长率由高转低(王恩涌等,2000)。兰迪"三个序列"理论奠定了人口转变模式研究的基础。

(2)诺特斯坦"人口转变"理论

1945年美国人口学家诺特斯坦(F. W. Notestein)首次提出"人口转变"的概念。诺特斯坦发展了兰迪的思想,从宏观方面论证了人口转变的经济根源,把现代化、工业化和城市化作为人口转变的根本原因。他认为,现代化生活水平的提高、控制疾病的新技术的采用等原因,促使死亡率下降。城市现代化的生活方式,子女培育费用增长,妇女就业率提高和社会地位上升,摒弃了传统的家庭观念,使人口生育率下降。早在1944年,他就预言第二次世界大战结束后,不发达地区人口的发展将会出现以往西欧曾经历过的人口转变过程:出生率升高、死亡率下降、人口加速增长,从而构成人口压力,阻碍这些地区经济的发展。他证明人口再生产类型的演变,不仅适用于欧洲、北美等国,也适用于亚、非、拉等发展中国家和地区,这是生产力由低级向高级发展所必然导致的普遍的客观规律。他把由农业社会向工业社会过渡的人口转变过程分为四个阶段:第一阶段为工业化前,高出生率、高死亡率,但死亡率上下波动,人口自然增长率低;第二阶段为工业化早期,死亡率开始下降,出生率基本不变,人口自然增长率上升;第三阶段为进一步工业化时期,死亡率继续下降,出生率开始下降,但下降速度慢于死亡率,人口自然增长率仍然很高;第四阶段为完全工业化时期,就是现代社会(指发达资本主义国家),死亡率和出生率都降到很低的水平,人口自然增长率很低,甚至为零或负数。

诺特斯坦的学生寇尔(A. Coale)是最早且较完整地对人口转变进行数量界定的学者,他进一步深化了诺特斯坦的人口转变理论,对四个阶段进行了重新划分和命名,并提出了人口转变的五个阶段及各阶段的数量界限(表3-1)。

表3-1 寇尔人口转变模式的数量界限

| 阶段特征 | 原始静止时期 | 前现代时期 | 转变时期 | 现代时期 | 现代静止时期 |
| --- | --- | --- | --- | --- | --- |
| 出生率(‰) | 50.0 | 43.7 | 45.7 | 20.4 | 12.9 |
| 死亡率(‰) | 50.0 | 33.7 | 15.7 | 10.4 | 12.9 |
| 自然增长率(‰) | 0.0 | 10.0 | 30.0 | 10.0 | 0.0 |

(3)布莱克的"五阶段"模式

布莱克将人口转变过程划分为五个阶段。

①高位静止(HS=High Stationary)阶段:大致包括中世纪以前的漫长时期,人口增长极为缓慢。出生率与死亡率均高,并达到均衡,人口增长处于静止阶段。

②早期扩张(EE=Early Expanding)阶段:死亡率先于出生率下降,人口增长加快。发生在西欧各国产业革命之后,死亡率下降而出生率变动不大,使人口加速增长。

③后期扩张(LE＝Late Expanding)阶段:死亡率继续下降并达到低水平,出生率也开始下降,人口增长扩张至最快,尔后减速。社会的发展使死亡率继续下降,而出生率的下降与上一阶段死亡率下降相比经历了 50 年的停滞。

④低位静止(LS＝Low Stationary)阶段:死亡率与出生率先后降至低水平并重新达到均衡,人口增长再次处于静止阶段。低位静止阶段发生在经济高度发达的现代社会。

⑤减退(D＝Diminishing)阶段:出生率继续下降并开始低于死亡率,人口呈现负增长状态。这一阶段目前仅在少数发达国家出现。

### 3.1.4.4 人口转变模式

(1)西北欧模式——代表大部分发达国家

这些国家最早实行并完成工业化,人口转变模式伴随社会经济发展的自发性过程,即经济增长促使生活方式的改变和生活质量的提高,社会经济结构及其功能也随之发生变化,导致出生率和死亡率自然、平稳、缓慢地下降。整个人口转变过程历时长达一个多世纪。

促使人口转变的因素主要包括社会经济的发展及其引发的生活方式、生育观念和妇女地位等的进步和提高。

(2)日本模式——代表新兴工业化国家

日本产业革命起步较晚。在整个 19 世纪基本处于高位静止阶段,19 世纪末至二战前夕属于早期扩张阶段,20 世纪 50—70 年代是后期扩张阶段,80 年代以来进入低位静止阶段,预计 2010 年前后进入绝对衰减阶段。

日本模式的特点,是人口转变发生在经济"起飞"之前,主要是由于政府采取了强有力的人为干预生育行为的措施,因此,人口转变速度快,几十年内即完成西北欧国家一两百年的历程。

(3)印度模式——代表发展中国家

印度以 1920 年为界,之前属于高位静止阶段,之后进入早期扩张阶段,自然增长率一直维持较高水平,直至 20 世纪 90 年代仍未出现明显下降趋势。目前印度的人口已逼近 12 亿,预计 10 年之内就可能超过中国。

印度模式在发展中国家具有代表性,其原因主要是由于文化传统和特定的国情,人为控制生育较弱。

(4)中国的人口转变模式

旧中国的人口再生产属于高位静止的原始型。新中国成立以来我国的人口转变模式可分为六个阶段:

①加速增长阶段(1950—1959 年),死亡率由较高持续下降至很低水平(10‰左右)出生率维持在高水平上(30‰以上),人口增长加速;

②负增长阶段(1959—1961 年),出生率(1961 年为 18.02‰左右)猛跌,死亡率则猛升(1960 年为 25.43‰左右),人口出现负增长状态;

③高速增长状态(1961—1971 年),出生率始终高于 30‰,死亡率则下降到 7‰～8‰,人口出现高速增长状态;

④减速增长阶段(1971—1980 年),死亡率维持低水平状态,出生率开始下降(1979 年下降到 20‰以下),人口出现减速增长状态;

⑤波动增长阶段(1980—1992 年),死亡率维持低水平,出生率出现两次波动(第一次顶峰

在1982年,第二次在1987年),人口增长出现波动状态;

⑥持续增长阶段(1992年以来),死亡率维持低水平,出生率和自然增长率持续下降,人口保持持续增长状态。

以上第一至第三阶段大体属于早期扩张阶段,第六阶段则进入后期扩张阶段。有学者预计2020年前后,我国将进入低位静止阶段,2040年后进入绝对衰减阶段。

我国人口模式的特点是:经济发展水平较低,生育控制因素作用更强;内部差异大,多种人口转变阶段同时并存。

## 3.2 人口承载力理论

人口承载力的发起与讨论经历了简单到复杂、单一因素到多因素、多主观到多客观、低级到高级的过程。现在人们认识到人口承载力的研究难度远远超越了单纯意义上从自然环境或资源对人口承载的估算边界,已经广泛涉及人类社会和经济发展各个领域的认知。

### 3.2.1 人口承载力的概念

人口承载力也称资源环境综合承载力,是指在一定的时空范围内,某地区所能承载的最大人口数。目前人类生存所依存的有三个系统,分别是资源系统、社会系统、环境系统,人口承载力就是这三种系统的复合承载力。因此,根据人类生存的基本条件与基础,可以把人口承载力分为资源承载力、社会与经济承载力、生态与环境承载力。

(1)资源承载力

资源承载力是指在不损害生物圈或不耗尽可合理利用的不可更新资源的条件下,各种资源在长期稳定的基础上所能供养的人口数量。这里的资源主要指自然资源,即在一定的时间和技术条件下,能够产生经济价值,提高人类当前和未来福利的自然环境因素的总称(联合国环境规划署的定义)。自然资源具有三个基本特点,即有限性、区域性、整体性。由于自然资源是人类生存和发展的基础,因此,自然资源的有限性及区域性决定了一个确定的区域能够承载的人口数量是有限的,不同区域的人口承载力大小是不同的。

资源承载力最早是由"carrying capacity"一词而来,工业革命之后,人口急剧增加,耕地减少,导致土地粮食生产问题加剧,人口增加超出了土地承受能力,出现一系列的生态环境问题,加剧了粮食危机,进而出现了土地承载力问题。随着经济发展水平的提高,资源的不断减少,逐渐出现了水资源承载力、生态资源承载力和环境容量等问题。国外对于资源承载力的研究主要集中在土地资源的承载力上,研究时间比较早,国内对于资源承载力的研究主要集中于20世纪80年代以后。

(2)社会与经济承载力

根据系统论的观点,社会是一个以人为核心,并与自然子系统、生态子系统及包括经济子系统在内的其他社会子系统等相互协调、相互匹配而组成的有机整体。人类的社会学属性决定了人口承载力不仅仅取决于自然资源,还与其所依赖的社会属性密切相关,这主要决定于科学技术水平、生产力先进程度、经济发展水平、综合国力等要素。不同国家、不同区域,经济与社会要素属性不同,能够承载的人口数量不同。生产力水平高,经济发达,人口承载力就大,反之亦然。

(3) 生态与环境承载力

环境承载力是指在一定时期和一定区域范围内,在维持区域环境系统结构不发生质的改变,区域环境功能不朝恶性方向转变的条件下,区域环境系统所能承受的人类各种社会经济活动的能力,它可看做是区域环境系统结构与区域社会经济活动的适宜程度的一种表示。生态系统良好的区域人口承载力大,而生态系统处于退化状态的区域人口承载能力就会减小。

总体而言,基于自然资源或环境测度人口承载力与自然地理条件、资源禀赋、技术手段、社会选择和价值观念等许多因素是密切相关的,社会、经济、科技等人文因素不断随着社会的发展而变化,这就决定了人口承载力不是固定的、静态的和非单一关系的,而是动态的。

## 3.2.2 人口承载力理论及研究进展

承载力本是物理学中的概念,是指物体在不产生任何破坏时所能承受的最大负荷或限度值,如岩土工程中的地基承载力。后来,这一概念引起不同学科诸多学者及政府部门和社会公众的广泛关注,在生态学、人口学、经济学、地理学、资源科学、环境科学、社会科学、区域科学等各个领域得到不同程度的延伸和广泛引用,产生了大量名称各不相同的承载力,如生态承载力、环境承载力、土地承载力、人口承载力等。

如果从马尔萨斯发表人口论算起,人口承载力理论发展至少有 200 多年的历史,纵观其发展历程,可概括为四个阶段:承载力起源探索阶段、承载力应用扩展阶段、承载力理论深化阶段、城市承载力研究兴起阶段。

### 3.2.2.1 承载力起源探索阶段(18 世纪末—20 世纪 50 年代末)

人口承载力的思想最早可以追溯到 18 世纪末马尔萨斯的人口论。1798 年英国经济学家托马斯·罗伯特·马尔萨斯(Thomas Robert Malthus,1766—1834 年)发表了《人口原理》(《An Essay on the Principle of Population》),提出了"马尔萨斯陷阱",认为在无阻碍的情况下人口将按照几何级数增长,而人类所依赖的物质资料按照算术级数增长,因此,物质资料的线性增长总是赶不上人口的增长。当人口的增长超过了物质资料的增长(即人口上限)时,就会出现灾难,人类将面临诸如失业、贫困、疾病甚至战争等灾难,阻碍人口的增长,从而对人口数量产生抑制作用,因此,人口数量将不可能无限制地增长下去(Trewavas,2002;Seidl et al.,1999;Clarke,2002)。他认为自然界存在着一种自然的法则,即自然界将通过上述这些灾难来迫使人口增长减缓或停滞甚至减少,从而和物质资料达到均衡。然而由于人口和物质资料增长的规律不同,经过一段时间后,这种均衡将会再次被打破,如此形成人口与物质资料之间不断的恶性循环(郭大力,2008)。虽然当时马尔萨斯并没有明确提出人口承载力的概念,但是这里面已经包含着明确的人口承载力的思想,即自然界存在着对人口增长的限制。马尔萨斯是第一个看到环境限制因子对人类社会物质增长过程有重要影响的科学家,他认为资源有限并影响着人口增长,该理论不仅反映了当时的社会形式,而且对后来的科学研究都产生了广泛的影响(Seidl et al.,1999)。马尔萨斯人口论中隐含的这些假设条件构成了承载力理论的基本要素和前提,后来的承载力研究都是基于这样一些基础假设条件,因此,马尔萨斯人口理论为承载力理论起源奠定了第一块坚实的基石(张林波等,2009)。后来,达尔文在其进化论观点中采用了人口几何增长和资源有限约束的观点,人口增长的压力成为达尔文关于自然选择、进化论和生物多样性的理论基础。同样,马尔萨斯提出的资源环境对人口增长的限制(资源环境的容纳能力)的观点对人口统计学也产生了巨大的影响(程国栋,2002)。

按照马尔萨斯的观点,人口在无阻碍的情况下按照几何级数增长,可用数学公式表示为:

$$\frac{dN}{dt} = rN \tag{3-1}$$

式中:$N$ 为人口数,$r$ 为人口自然增长率,$t$ 为时间。公式(3-1)两边通过移项并积分后,可以变为式(3-2)所示的指数形式:

$$N = e^{rt} \tag{3-2}$$

实际上,按照马尔萨斯的人口论,人口的指数增长并不能长期持续下去,将要受到食物等资源的约束,即理论上存在一个上限 $K$。

1838 年,比利时布鲁塞尔数学家 Pierre F. Verhulst 在上述指数增长方程中引入 $(K-N)/K$ 项(公式(3-3)),当人口规模达到 $K/2$ 时,人口增长率 $dN/dt$ 达到最大,当人口规模达到 $K$ 时,人口增长率下降到 0,此处的上限 $K$ 即为承载力。在 $K$ 的水平上,人口的出生率等于死亡率,人口增长达到稳定或者均衡规模($dN/dT=rN=0,r=0$),总体上看,人口将呈现 S 型的增长(程国栋,2002;Cohen,1995;Seidl et al.,1999)(图 3-1),并用 19 世纪初法国、比利时、俄罗斯和英国艾塞克斯(Essex)20 年的人口数据检验方程结果,这些国家和地区的实际人口数据与逻辑斯蒂方程结果比较吻合(Seidl et al.,1999)。大约一个世纪以后,1920 年美国的 Raymond Pearl 教授及其同事 Lowell J. Reed 在并不知道 Verhulst 研究工作的情况下同样独立地提出了 Logistic 增长曲线方程(张林波等,2009)。后人将 Pearl 和 Verhulst 的名字联系在一起,所建立的方程被人们称为 Verhulst-Pearl 逻辑斯蒂(Logistic)方程。

$$\frac{dN}{dt} = rN\left(\frac{K-N}{K}\right) \tag{3-3}$$

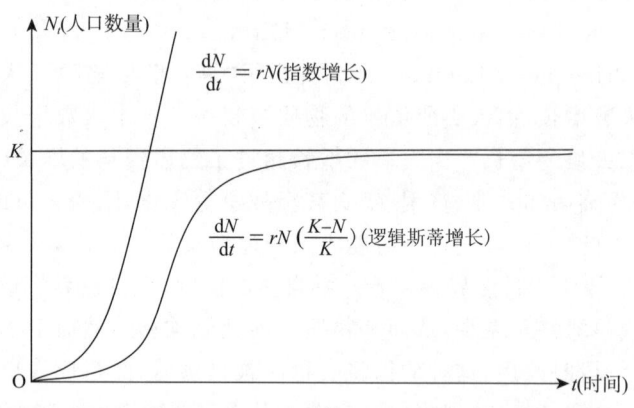

图 3-1 人口指数增长与逻辑斯蒂增长曲线(Seidl,1999)

Verhulst 的逻辑斯蒂方程存在许多缺陷,如未考虑人口迁移的影响,将系统假设为一种封闭的,而且容纳能力和人口增长率被设为常数,不随时间变化,环境被假定为能提供稳定的资源等(程国栋,2002),使该方程仅能为短期的数据所证实。但该方程将资源环境对人口增长的约束限制用环境的容纳能力表示出来,使人类意识到资源和环境方面的限制作用,更重要的是对现今承载力的研究有重要的指示意义(Seidl et al.,1999)。因此,承载力理论数学模型的提出,被认为是承载力发展历程中另一个里程碑(张林波等,2009)。

真正促使承载力概念的提出是 19 世纪末至 20 世纪初美国西部牧区载畜量管理和野生生

物种群保护等应用生态学领域的研究。1870—1890年,美国西部畜牧业的快速发展使牧场开始恶化,牧场主和美国农业部的研究人员开始使用承载力这个词,用以表示在一个有限的放牧区域和时间内不对牧场资源产生危害时的最大牲畜数量。20世纪20年代,美国Kaibab高原上黑尾鹿种群数量保护的研究与争论过程中也明确使用了承载力概念(Young,1998)。

1921年,Park和Burgess在人类生态学领域中首次应用了生态承载力的概念,认为可根据某一地区的食物资源来确定该地区的人口容量,直接推动了土地承载力领域的研究(Park et al.,1921;石忆邵等,2013)。

Allen(1949)首次正式提出"人口承载力",即一个地区在一定的技术条件和消费习惯下,在不引起环境退化的前提下,永久支持的最大人口数量。

1953年,Odum在其《生态学原理》著作中,首次将承载力概念与逻辑斯蒂曲线的理论最大值常数联系起来,将承载力概念定义为"种群数量增长的上限"(即逻辑斯蒂方程的常数$K$),从而使承载力概念具有了较为精确的数学表达形式(Young,1998;Odum,1953;Price,1999)。这可以看做是承载力发展历程中的又一个里程碑。在此之前,在生态学研究中承载力概念和逻辑斯蒂方程并没有联系在一起(Dondt,1988)。在此后的承载力研究工作中,学者们可以用逻辑斯蒂方程常数$K$表示承载力的数学意义来进行理论分析,扩展了承载力概念在实际工作中的理论基础和应用前景。

在这一阶段,承载力概念提出并明确定义了具体内涵,而且确定了其理论基础及数学表达模型,为此后的进一步研究及实际应用打下了坚实的基础。特别是逻辑斯蒂方程的提出,为马尔萨斯关于人口增长和食物限制的理论终于找到了一种精确的数学表达模型。从畜牧学中的载畜量概念引申出来的建立在种群生态学基础上的承载力及其属性表达模型具有很多局限性,忽略了人的社会属性,特别是没有考虑科学技术进步和文化因素对承载力的影响。因此,逻辑斯蒂曲线方程应用于动植物和微生物等生物学的研究时,得到了较好的验证;但该方程在应用于人口增长的时候,在短期内能够得到证实,而在大多数情况下尤其在长时期内却难以成立。因此,这一阶段承载力的研究更多地被应用于生物学或者生态学研究之中,特别是动植物种群的保护等方面,有关人口承载力的研究一度停滞不前。

#### 3.2.2.2 承载力应用扩展阶段(20世纪50年代初—20世纪80年代末)

20世纪60、70年代,随着工业化和城市化的快速发展,爆发了全球性资源环境危机,全球人口不断增加,耕地面积日趋减少,人类面临的粮食危机、环境污染与资源短缺问题越发严重,土地承载力引起了人们的普遍关注,也引起了一大批学者和研究机构关于承载力的深入研究和讨论,促使承载力研究从以非人类生物种群增长规律的理论探讨为主转向关注和解决人类面临的现实问题(石忆邵等,2013)。

1962年,雷切尔·卡逊的《寂静的春天》问世,对人类未来惊世骇俗的寓言振聋发聩,唤醒了广大民众对如何认识和处理与自然的关系的思考,得到了一切有良知的科学家和民众的支持,引发了人类关于发展观念上的争论。正如前美国副总统戈尔为该书写的序言中所说,"寂静的春天犹如旷野中的一声呐喊,用它深切的感受、全面的研究和雄辩的论点改变了历史的进程"。1962年年底,已有40多个提案在美国各州通过立法限制杀虫剂的使用,曾获得诺贝尔奖的DDT和其他几种剧毒杀虫剂从生产与使用的名单中被彻底删除。

1972年罗马俱乐部发表了《增长的极限》(Maserang,1977;丹尼斯·米都斯,1983),引起了关于地球是否存在增长极限的激烈争论(Seidl et al.,1999;Ehrlich,1968;Jiang,2004;Marchetti,1979)。20世纪70年代后期和80年代初期,联合国粮农组织(FAO)、教科文组织(UNESO)和经济合作与发展组织(OECD)等先后开展的承载力研究和澳大利亚的人口承载力研究是这期间较有影响的承载力研究工作(Jiang,2004;Li,2002)。

全球性资源环境危机引发的公众与学者的普遍关注及广泛讨论,推动了承载力的研究、应用和发展,使其广泛应用于不同的学科和研究领域(Maserang,1977),从野生生物种群到人类乃至生态系统及整个地球(Catton,1987),从区域到国家乃至全球最大承载人口数量测算(Bernard,1981),从农业、旅游和娱乐管理(Schreyer et al.,1978;Lindsay,1984,1986;Jackson,1986;Pearoe et al.,1986;Sowman,1987;O'reilly,1986)到自然资源管理(Clarke,2002;Jiang,2004;Catton,1987),从流域规划(Gilliland et al.,1981)、城市及区域规划到环境影响评价等各个领域都有所涉及,衍生出了草地承载力、土地资源承载力、水资源承载力、矿产资源承载力、能源承载力、环境承载力、生态系统承载力等相关概念。但与以往不同的是,承载力的限制因素不再仅仅考虑土地资源,而是扩展到了森林资源、矿产资源、环境资源、水资源等多个方面,引起人们对全球资源的重新评估。承载力研究从以粮食制约下的人口问题探索为主转向以研究资源环境制约下的人类经济社会发展问题为主,资源(土地、水、矿产等)承载力、环境承载力、生态承载力等概念相继应运而生,并从单要素制约的承载力发展到多要素制约的系统承载力(张林波等,2009)。

20世纪80年代以来,承载力的内涵得到了进一步的丰富和拓展,其应用得到了进一步的延伸和推广。除考虑资源环境等自然因素对承载力的影响外,人们开始关注和研究科技进步、生活方式、价值观念、社会制度、贸易、道德和伦理价值、品味和时尚、经济、环境效应、文化接受力、知识水平和机构的管理能力等人类自身文化社会因素对承载力的影响(张林波等,2009)。

1985年,联合国教科文组织(UNESCO and FAO)提出"一个国家或地区的人口承载力是指在可以预见到的时期内,利用本地能源、自然资源、智力、技术等条件,在保证符合其社会文化准则的物质生活水平条件下,该国家或地区能持续供养的人口数量"(UNESCO and FAO,1985)。正是这一时期对人口承载力较为规范和全面的定义,得到了学术界的普遍认同。

1986年,Catton定义了"环境承载力"的概念,后来国外很多学者把它引申为生态承载力并定义为"在一定区域内,在不损害该区域环境的情况下,所能承载的人类最大负荷量"。Hardin等进一步提出了文化承载力的概念,认为文化承载力总是小于生物承载力(Hardin,1986)。

Daily等(1992,1996)提出了社会承载力的概念,并将其与生物物理承载力进行比较,认为在任何技术水平条件下,社会承载力都将小于生物物理承载力(图3-2)。社会承载力和文化承载力概念的提出,使制度、建筑物、风俗习惯、发明等社会及文化因素纳入到承载力的影响因子中,进一步丰富和发展了承载力的内涵。

20世纪60年代以来的人口增长、资源危机、生态破坏及环境污染等问题及其引发的公众与学者的普遍关注及广泛讨论,不仅推动了承载力的研究、应用和发展,而且引起人们对传统发展模式的反思,孕育了可持续发展思想及理念,促使可持续发展概念及相关理论的提出。1987年,联合国世界环境与发展委员会发表了他们经过长达4年的研究和充分论证的报告《我们共同的未来(*Our Common Future*)》,正式提出了可持续发展的概念与模式,奠定了可持续发展的框架基础。可持续发展概念提出以后,在20世纪90年代很快掀起了研究高潮,且成为整个人类的共识(牛文元,2012),很多学者开始把人口承载力问题与可持续发展研究联系起来。事实上,承载力理论与可持续发展思想是一脉相承的,虽然两者在评价指标体系上有所区别,但研究的出发点和最终目标是相同的。承载能力是从"脚底"出发,研究资源、环境等实际承载能力。而可持续发展是从宏观的、长远的角度,思考城市和区域资源、环境、人口和社会经济的整体协调发展问题,它要求人类活动的规模和强度必须保持在承载能力的限度之内(石忆邵等,2013)。

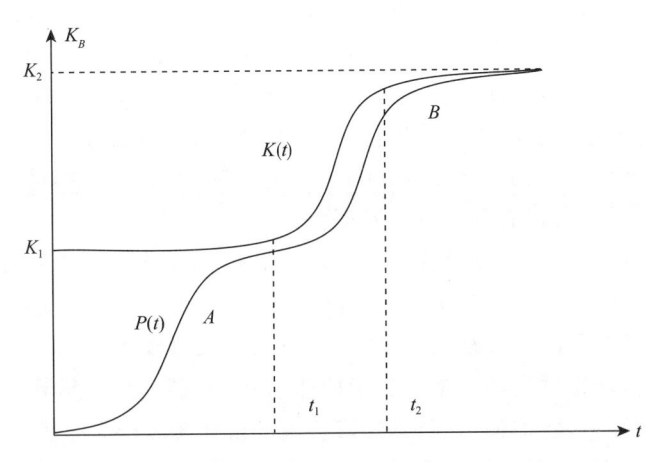

图3-2  $K$ 值动态提升的双逻辑斯蒂曲线(张林波等,2009)

### 3.2.2.3 承载力理论深化阶段(20世纪90年代—2000年)

Daily 和 Ehrlich(1992)提出,干脆将人口不超过承载力作为可持续发展的必要和充分条件。考虑到文化社会因素对人类承载力的影响,他们用以下方程来表达人类活动对环境的影响后果:I=PAT。这就是著名的 IPAT 方程。该方程实际上表明,环境 I 的破坏是由三个独立的变量:人口(P)、富裕水平(A)和技术(T)决定的。该公式的重要性在于将科学技术及人们的消费水平内生为人口承载力的影响变量。Waggoner 等(2002)在 IPAT 方程的基础上,提出了 ImPACT 分析框架,将环境影响(Im)分解为人口(P)、富裕(A)、使用强度(C)和效率(T)的乘积,并探讨了驱动因子之间的组合对环境影响的杠杆调节作用。相比 IPAT 等式,ImPACT 更清晰地呈现了经济系统中消费和生产过程对环境的影响(焦文献等,2006)。考虑到科技进步可以提升人口承载力,Meyer 和 Ausubel(1999)对 Verhulst 逻辑斯蒂方程进行修正,提出了 $K$ 值动态提升的双逻辑斯蒂曲线方程(图3-2),并用该方程对英国和日本的情况进行了实证研究。

加拿大生态经济学家 William Rees 于1992年正式提出生态足迹概念(Rees,1992),并在其博士生 Wackernagel 的协助下于1996年完善了生态足迹的方法模型(Rees et al.,1996; Wackernagel et al.,1996,1997)。由于任何人都要消费自然提供的产品和服务,必然对地球生态系统构成影响。因此,生态足迹方法的提出,恰好为我们从测量人类对自然生态服务的需求与自然所能提供的生态服务之间的差距的角度确定全球或区域(城市)人口承载力提供了可行性。由于生态足迹综合考虑了人均消费水平、技术进步及贸易等因素,并用直观明了的概念模型避开了直接将复杂人类文化社会影响因素简单化、定量化,成为迄今为止人类承载力和可持续发展的众多指标中最受生态经济学界关注和推崇的一个指标,围绕和涉及生态足迹概念、方法及其模型的研究纷纷涌现,推动了人类承载力研究广泛应用于从全球(Wackernagel et al.,1996,2004;WWF et al.,2000,2002,2004)、国家(WWF et al.,2004;徐中民等,2003)和地区(徐中民等,2000;张志强等,2001)、城市(苏琦等,2001;郭秀锐等,2003)、校园(蒋莉等,2004;顾晓薇等,2005;姚争等,2011)、家庭(李定邦等,2005;尚海洋等,2006;王军等,2008)到个人(王军等,2007)各个尺度、各个领域。

#### 3.2.2.4 城市承载力研究兴起阶段(2000年至今)

近10多年来,随着城市化的进一步发展及城市问题的日益突出,城市的无序蔓延及规模的无限扩张导致许多城市病的出现,越来越多的学者开始关注城市人口承载力的研究。由于中国正处于快速城市化阶段,因此,这一阶段对中国城市人口承载力的研究日益增多。沈清基(1994)对城市人口的概念及影响因素等进行了探讨,代富强等(2006)、王爱民等(2006)、董晓峰等(2009)、吴文恒等(2006)、张利华等(2008)、童玉芬等(2009)分别对济南市、深圳市、兰州市、天水市、北京市等城市人口容量进行了实证研究。

进入21世纪,中国区域经济发展的重要特点是城市群现象及其功能日益明显和增强,并逐渐受到政府和学者的重视。国家"十一五"规划纲要明确指出:"要把城市群作为推进城镇化的主体形态;已形成城市群的发展格局的京津冀、长江三角洲、珠江三角洲等区域,要继续发挥带动和辐射作用,加强城市群内各城市的分工协作和优势互补,增强城市群的整体竞争力;具备城市群发展条件的区域,要加强统筹规划,以特大城市和大城市为龙头,发挥中心城市作用,形成若干用地少、就业多、要素集聚能力强、人口分布合理的新城市群。"于是,许多学者开始关注城市群人口承载力(欧朝敏等,2009;谭波,2010;王倩,2009;谢强莲,2009)。

综上所述,承载力研究经历了概念、理论、方法及应用领域的演变。在概念上经历了内涵和外延双重扩展,从早期的生物种群承载力到人口承载力、资源承载力、环境承载力、生态承载力、文化承载力、社会承载力等演进过程(表3-2),概念的内涵从单纯基于自然资源禀赋的承载力研究延伸到涵盖自然资源禀赋和人类社会、经济、文化等发展需求的综合承载力;对承载力影响因素经历了从单要素到多要素及综合因子的演进(表3-3、表3-4),从早期只关注水、土地资源或者气候要素等制约下的粮食对人口的限制到综合考虑自然、经济、社会及生态等各个要素的系统分析以及生态足迹等综合分析法;应用领域经历从生物种群到人类社会的演变;应用学科从生态学扩展到人口学、经济学、环境学、社会学等学科;研究区域范围经历了从全球到区域,从单个城市到城市群应用研究的变化。

表3-2 人口承载力概念的演变

| 名称 | 时间 | 来源 | 定义 |
| --- | --- | --- | --- |
| 生态承载力 | 1921年 | Park,Burgess,1921 | 根据某一地区的食物资源来确定的该地区人口容量 |
| 种群承载力 | 1922年 | Hadwen等,1922 | 不损害环境条件下,种群的最大规模 |
| 人口承载力 | 1949年 | William Vogt,1948 | 土地向人类提供饮食住所的能力 |
| 人口承载力 | 1949年 | Allen W,1949 | 某一时期,特定地区,特定技术条件和消费习惯下,环境不退化永久供养的最大人口数量 |
| 环境容量 | 1968年 | Jim Nishimura,1968 | 在人类生存和自然状态不受危害前提下,某一环境所能容纳的某种污染物的最大负荷量 |

续表

| 名称 | 时间 | 来源 | 定义 |
|---|---|---|---|
| 资源承载力 | 20世纪70年代 | 联合国教科文组织 | 可预见时期内,利用该地的能源和其他自然资源及工艺水平、人员素质、技能等条件,在保证与社会文化准则相符的物质生活水平下能够持续供养的人口数量(陈百明,1988) |
| 旅游承载力 | 1982年 | Mathieson等,1982 | 不对自然环境产生不可逆转的破坏,不减少访问者愉悦程度,可接待最大游客数量 |
| 人口承载力 | 1985年 | UNESCO,1985 | 特定区域,可预测时间内,特定能源资源与技术等条件,符合社会文化准则,一定物质生活水平下持续供养的人口数量 |
| 环境承载力 | 1986年 | Catton,1986 | 在一定区域内,在不损害该区域环境的情况下,所能承载的人类最大负荷量 |
|  | 1986年 | WRI/IIED,1986 | 给定数量的土地,可供养的人口数 |
| 土地资源承载力 | 1988年 | 陈百明,1988 | 未来不同时间尺度上,以一定的技术、经济和社会发展水平及与此相适应的物质生活水准为根据,一个国家或地区利用其自身的土地资源所能持续供养的人口数量 |
| 畜牧承载力 | 1989年 | 世界畜牧管理协会,1989 | 尽可能大地保持或增长草地面积的畜牧率 |
| 环境承载力 | 1995年 | 崔凤军,1995 | 在某一时期、某种状态或条件下,某地区的环境所能承受的人类活动作用的阈值 |
| 生态承载力 | 1999年 | 高吉喜,1999 | 生态系统自我维持、自我调节能力,资源与环境子系统的供容能力及其可维育的社会经济活动强度和具有一定生活水平的人口数量 |
| 人口承载力 | 2000年 | 贾绍凤等,2000 | 特定区域的自然与社会要素,特定的技术条件,特定的消费习惯与消费水平可持续发展的人口数量 |

资料来源:根据张耀军等(2008),有修改。

**表3-3 国内外主要承载力研究成果分类表**

| 研究主题 | 作者(机构)及年份 | 主要研究内容及方法 |
|---|---|---|
| 单要素承载力评价 | Hardin G(1986);肖炳成(1990);Buckley R(1999);United States Environmental Protection Agency(2002);余卫东等(2003);朱一中等(2005);徐琳瑜等(2005);倪师军等(2006);车越等(2006);程丽莉等(2006);杨志峰等(2007);王群等(2009);Song Xiaomeng等(2011) | 主要针对水资源、土地资源、环境资源、矿产资源及地质、文化因素等分别进行实证分析与量化评价,并提出对策建议 |
| 多要素承载力综合评价 | 陈百明(1991);Cohen J E(1997);王书华等(2001);Oh K等(2002);Oh K等(2005);Cang Hui(2006);郭志伟、李东序(2008);刘晓丽等(2008);吕光明等(2009);龙志和等(2010);高红丽等(2010);李波等(2010) | 从多要素角度综合评价城市(土地)承载力,构建评价指标体系,开展实证分析与定量评价,并提出提升承载力的对策措施 |
| 承载力计算方法与模型研究 | 姜忠军(1995);Cohen J E(1997);Oh K(1998);Meyer P S(1999);郭秀锐等(2000);惠泱河(2001);夏军等(2004);常斌等(2007);谭文垦等(2008);陈成忠等(2009);赵楠等(2009);邓伟(2010);王丹等(2011) | 主要探讨不同方法和技术模型在承载力评价中的具体应用,如GM(1,1)模型、Logistic模型、系统动力学方法、生态足迹预测方法等 |
| 区域城市群承载力评价 | 吕斌等(2008);欧阳敏等(2009);陈娟等(2010) | 主要从理论和方法上探讨区域城市群承载力评价的思路和方法,以及如何协调环境与经济发展之间的关系 |

续表

| 研究主题 | 作者(机构)及年份 | 主要研究内容及方法 |
|---|---|---|
| 行业或部门承载力评价 | 卫振林等(1997);崔凤军等(1997);Young(1998);Alexis Saveriades(2000);The Environmental Planning Laboratory of the University of the Aegean, Greece(2001);李振福(2004);Li Xiaoyan(2007);朱吉双等(2008);侯德劭(2008) | 主要集中在交通、旅游等行业或部门,通过引入交通(或旅游)环境容量等概念,分别构建交通(或旅游)设施承载力、交通(或旅游)环境承载力评价指标体系和模型进行定量评价 |

注:根据石忆邵等(2013)。

表 3-4 不同学者对城市人口承载力的定义

| 时间 | 来源 | 城市人口承载力定义 |
|---|---|---|
| 1994 年 | 沈清基,1994 | 特定时期,一定的生态、社会环境质量水平及活动强度下,能够相对持续容纳的城市人口数量 |
| 1997 年 | 冯蔚东等,1997 | 一定时段,满足居民活动正常运行,受城市综合发展水平约束容许限度内的城市人口规模 |
| 2008 年 | 张利华等,2008 | 城市由人口、资源、经济、社会四个子系统组成,人口系统与其他系统匹配的人口规模 |
| 2009 年 | 童玉芬等,2009 | 特定的城市区域,可预见时间内,不破坏环境,所有的物质与社会经济条件共同决定,充分满足人口生活要求的人口规模 |

资料来源:张燕等,2013。

## 3.2.3 人口承载力的争议及其原因的探讨

如果从马尔萨斯发表《人口原理》算起,人口承载力探讨至少已有 200 多年的历史,尽管在概念、研究方法及理论等方面取得了一定的进展,但迄今为止,各个时期的承载力研究总会引发生态学最激烈的学术争论。

"在 20 世纪,马尔萨斯主义每年都会被其评论者埋葬,并出人意料地在第 2 年又被重新挖出来"(Hardin,1998)。正如 Costanza 所指出的那样,"没有其他任何问题会像经济增长、承载力和环境问题一样使经济学家和生态学家的观点如此截然不同"(张林波,2007)。时至今日,争议依然没有停息,在承载力研究方面,仍然有许多困惑。

承载力研究究竟有没有必要,答案无疑是肯定的。因为我们生存的地球只有一个,无论技术如何进步,制度如何改变,人们的消费模式和水平如何改变,人类生存必不可少的资源是有一定限度的,不可更新资源及可更新资源的量是有限的,例如,地球上的水资源、土地资源等。人类终究要受到这些因素的限制和影响,这是任何人都无法否认的。而相对于一个具体的时期,在特定的技术条件下,资源和环境条件对人口也同样产生着客观的限制。只不过这种限制以什么样的方式表现出来,人们还没有一个很好的判断,不可能真的等到人类社会和环境崩溃了才来验证确实存在着人口承载力,那样一切未免都太迟了(童玉芬等,2012)。

尽管大部分学者认为,人口承载力不是一个伪命题,在一定时空条件及资源禀赋和环境容量约束下,人口承载力阈值是客观存在的。另一方面,也不时发出"建议废弃承载力研究"的反对之声。之所以出现反对之声,缘于很多学者在人口承载力研究中遇到的困惑。

自从马尔萨斯人口论的数学模型提出以后,不少学者都试图采用不同国家或地区乃至全球的人口经验数据来对该公式进行验证。

关于国家承载力的一个典型例子:美国学者 Pearl 和 Reed(1920)曾经利用美国 1790—1910 年人口统计数据拟合了逻辑斯蒂曲线,研究拟合预测得出美国人口大约在 2060 年达到逻辑斯蒂 K 值,大约为 1.97 亿。他们的研究发现,1920—1940 年美国的人口统计数据与曲线吻合得非常好,但随后美国人口增长开始呈现近似指数增长,人口增长不再符合逻辑斯蒂曲线特征。1968 年美国实际人口就已经达到了 Pearl 预测的将在 2060 年达到的 1.97 亿的最大人口数量,至 1995 年和 1999 年美国人口分别为 2.5 亿和 2.73 亿左右,据估算 2025 年美国人口将达到 2.60 亿~3.57 亿(张林波等,2009),早已经超过了当初预测的人口承载力。

在对全球人口承载力的研究上,很多学者也发现了同样的问题和困惑。1948 年英国学者威廉·福格特(William Vogt)出版了《生存之路》一书,提出世界人口超过土地和自然资源的最大承载力人口 22 亿时,人类将面临灭顶之灾(威廉·福格特,1981)。1971 年斯坦福大学的 Paul Ehrlich 在《人口爆炸》一书中,认为当时的全世界人口约 35 亿人已经达到甚至超过承载力,世界面临着粮食危机,并预测 20 世纪 70 年代和 80 年代将爆发不可收拾的饥荒和动乱,人类将进入资源匮乏时代,许多人类赖以生存的矿产将濒临枯竭(Paul Ehrlich,1971)。1972 年梅多斯等学者在著名的《增长的极限》一书中,曾经预言人类社会将在未来 100 年崩溃(Meadows et al.,1972)。但是实际情况是,世界人口的增长并没有因为达到这些所谓的人口承载力极限而停止增长转而呈现逻辑斯蒂增长,相反直到现在世界总人口依然呈现的是近乎指数的增长,而且增加的速度越来越快(图 3-3)。据统计,两千年以前地球上大概只有 2 亿人。到 1650 年,地球人口增加了 1 倍多,达到 5 亿人。大约在 1830 年世界人口超过 10 亿,从人类诞生开始到第 1 个 10 亿人口大约经历了近万年的时间,而地球上第 2 个 10 亿人口的增加仅用了 1 个世纪,到 1930 年世界人口达到 20 亿。1960 年世界人口达到 30 亿,1974 年达到 40 亿,1987 年达到 50 亿,1999 年达到 60 亿。而到 2012 年,全球人口已经达到 70 亿。后面 3 个 10 亿人的时间,都在 13 年之内。根据联合国的中方案估算,世界人口于 2025 年将增长到 80 亿,2043 年达到 90 亿,2083 年将达到 100 亿(United Nations,2010)。

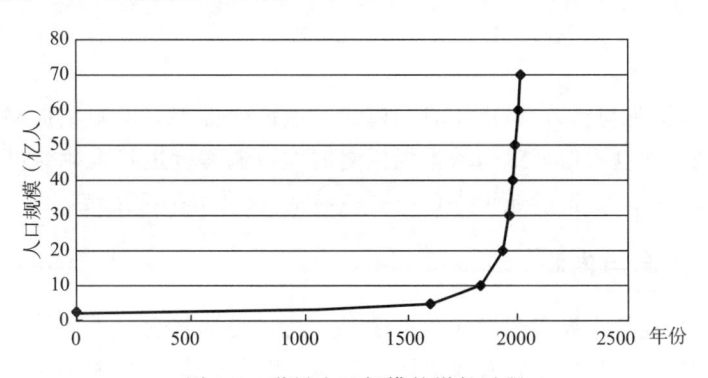

图 3-3 世界人口规模的增长过程

数据来源:联合国人口司(http://www.esa.un.org/excel-data)

世界人口的增长一次次突破了学者们所预言的人口承载力范围,但是却并没有出现所谓的世界末日和人类社会的崩溃。马尔萨斯等关于承载力超载所预言的各种可怕后果,如战争、疾病、瘟疫、社会崩溃都没有一个得以验证或实现,这使得人口承载力的研究似乎变成了中国寓言"狼来了"式的一次次重复上演。这种状况,导致人们对人口承载力是否存在产生了很大的怀疑:人口承载力真的存在吗。由于人口承载力的研究者拿不出有力的证据来证明人口承载力的存在,使人口承载力的研究很难摆脱"是否存在人口承载力"的质疑,严重影响了承载力研究的健康发展(童玉芬,2012)。

究竟是什么原因造成人口承载力难以准确预测,它的存在也难以得到验证。童玉芬(2012)认为,主要是由于逻辑斯蒂方程的假设过于粗糙和简单,将人口增长率指数 $r$ 和最大限制 $K$ 都被假定为不随时间变化的常数;同时,方程假定环境给人们提供的营养或资源的供给固定或者不变,即空间界限被假定为固定的或已知的,即把系统看成是封闭的,没有人口的迁入和迁出,也没有物质的进口和出口。这些假定与现实之间存在的巨大差距,成为导致人口承载力是否存在成为争议话题的主要原因。此外,影响因素的动态性、不确定性和多样性导致承载力结果难以精确测定及承载力概念的不精确导致可操作性差和研究范式的局限性等都是造成当前承载力研究争议的重要因素(童玉芬,2012)。归根结底,人类社会的复杂性决定了承载力研究的不成熟性。

### 3.2.4 人口承载力研究展望

承载力研究已经不再是一个单纯的生态学或社会学命题,对它的思考最后都上升为对人类未来命运的哲学思考。承载力研究的不成熟性不应成为放弃承载力研究的借口。一方面,承载力研究应该更深入地研究和探讨承载力的影响要素及其机制,特别是制度、科技及文化等社会因素及人类社会的开放性对承载力影响的动态性、不确定性,将是承载力研究获得突破的瓶颈;另一方面,以期在承载力研究范式及模型构建方面取得突破,能够真正解决制约承载力客观精确估算的关键问题。有些问题在现有科研基础和认知水平的条件下尚不能得到充分的或客观的解答,因此在未来很长一段时间内,关于承载力的争论可能仍将继续下去。在当前的一段时间里,承载力研究更重要的是寻找一种更为有效和可操作的承载力估算方法,使承载力研究能够真正运用于当前人类可持续发展的实践之中(张林波等,2009)。

## 3.3 城市化理论

了解城市化的机制与动力、城市化时空模式及城市化进程有助于把握城市人口规模的发展趋势,从而对城市适度人口容量与城市规模之间的协调程度进行准确判断,做到未雨绸缪,避免或减轻城市病的发生,推动城市人口与区域经济、社会可持续发展。

### 3.3.1 城市化概念与内涵

对于城市化,目前学术界尚未形成被各学科广泛接受的概念。不同的学科从不同的角度对城市化有不同的解释,目前比较有代表性的定义分别是从人口学、社会学、经济学、地理学等角度进行阐述的。人口学把城市化定义为农村人口转化为城镇人口的过程,认为城市化就是指"人口向城市地区集中,或农业人口变为非农业人口的过程"。社会学认为城市化就是人们生活方式的转变,是指从农村生活方式转化为城市生活方式的过程。经济学从工业化的角度来定义城市化。与农村相比,城市一般是工业分布相对比较集中的区域,因而经济学认为城市化就是农村经济转化为城市社会化大生产的过程。从地理学角度看,城市是以非农业人口为主的聚落类型,是非农产业的核心空间载体及一定区域的政治、经济、文化活动中心。因此,地理学认为,城市化是指农业人口转化为非农业人口、农村地域转化为城市地域、农业活动转化为非农业活动的过程。这一过程使城市数量增多,城市人口和用地规模不断扩大,城市人口在区域总人口中所占比重不断提高。综合来看,城市化是一种影响深远的自然、社会、经济变化过程,是一个农业人口转化为非农业人口,农村地域转化为城市地域,农业活动转化为非农业活动、农村居民转变为城市居民的过程。这一过程既包括城市实体的变化过程,如农村景观向城市景观的转变;也包括抽象的社会意识形态的变化过程,如农村文化、生活方式、价值观念、思维方式向城市文化、城市生活方式、城市价值观念等的转变,或者说城市社会意识形态向农村地域的扩散过程。

通过比较不同学科从不同角度对城市化做出的解释,可以发现尽管不同学科解释的视角不同,但其内涵是一致的,包含四个方面:①城市化是城市对乡村施加影响的过程,城市化就是一个国家或地区的人口由农村向城市转移、农村地区逐步演变成城市地区、城市人口不断增长的过程;②城市化是全社会人口接受城市文化的过程,城市化就是生产力进步所引起的人们的生产方式、生活方式及价值观念转变的过程,在此过程中,城市基础设施和公共服务设施不断提高,同时城市文化和城市价值观念成为主体,并不断向农村扩散;③城市化是人口集中的过程,包括人口集中点数量的增加和人口集中点规模的增大;④城市化是城市人口比例占全社会人口比例增加的过程。

## 3.3.2 城市化动力与机制

所谓城市化的动力机制是指推动城市化发生和发展所必需的动力及其产生机理,以及维持和改善这种作用机理的各种经济关系、组织制度等构成的综合系统的总和(孙中和,2001;高云虹,2003;钟秀明,2004)。城市化的动力机制随着生产力发展水平的不断变化,在不同时段、不同发展阶段的地区,其城市化动力结构也在发生着不断的变化(周一星,2002;宁越敏,1998)。

(1)城市化的根本动力——科学技术的进步和社会生产力的提高

马克思主义认为,城市化的决定性因素是社会分工。在《德意志意识形态》中,马克思和恩格斯指出:"某一民族内部的分工,首先引起工商业劳动和农业劳动的分离。从而也引起城乡的分离和城乡利益的对立。"马克思和恩格斯还认为:"物质劳动和精神劳动的最大的一次分工,就是城市和乡村的分离。城乡之间的对立是随着野蛮向文明的过渡、部落制度向国家的过渡、地方局限性向民族的过渡而开始的,它贯穿于全部文明的历史并一直延续到现在。"同时还指出:"一切发达的、以商品交换为媒介的分工的基础,都是城乡的分离。可以说,社会的全部经济史,都概括为这种对立的运动。"人类社会第一次大分工时,农业和畜牧业相分离,人类开始定居,出现聚落;第二次社会大分工时,手工业和农业相分离,出现了直接以交换为目的的商品生产,城市才随之产生;商品生产和商品交换的发展,交换地域的进一步扩大,商业和商人阶级从农业和手工业中分离出来,城市才有了较完备的职能和结构,具有相当的规模,并在地域上获得较广泛的分布;当资本主义机器大工业替代工场手工业,才产生人口向城市的迅速集聚,掀起了城镇化的世界浪潮,出现前所未有的工业城市和现代化大城市;信息产业的独立和信息社会的到来,必将使城市在许多方面发生深刻的变化(徐学强等,1991)。由此可见,社会生产力的变化决定了社会生产方式的变化,社会生产方式决定了城市的形成和发展。社会生产力的提高离不开科学技术的进步。正是科学技术的进步推动了社会生产力的提高，推动了农业生产力的发展，推动了工业革命的发生及工业化的发展。科学技术水平的提高及社会生产方式的变化是城市化的根本动力。

（2）城市化的初始动力——农业生产力的发展

农业生产力水平的提高及剩余粮食的生产是城市形成的第一必要前提。因为只有农业生产力水平提高了，有了生产剩余粮食的能力，才有可能使大批劳动力从土地上解放出来，科学技术的进步推动农业生产力的提高，促进了剩余粮食生产能力和农村剩余劳动力的形成，为大量从农业生产中解放出来的劳动力进入城市提供了前提条件。农业剩余劳动力是城市形成的第二必要前提。

（3）城市化的核心动力——工业化

进入工业革命时期，工业化极大地推动了城市的发展，是城市形成、发展的核心动力。工业化是工业生产在城市地域形成集聚的过程，而城市化是工业化所产生的劳动分工在空间上的反应。20世纪50年代以来，西方发达国家工业向自动化、标准化方向发展，劳动密集型产业向发展中国家转移，工业部门大量吸收劳动力的时代结束，城市发展对工业发展的依赖程度减轻。但是从世界范围来看，工业化仍然是城市化的直接动力：一方面，在已经实现工业化的发达国家，工业仍是创造财富的主要来源之一；而另一方面，目前广大发展中国家生产力还较落后，工业化主导城市化的过程正处于上升阶段，工业化仍是城市形成、发展的核心动力。

（4）城市发展的后续动力——第三产业的发展

随着发达国家工业现代化的实现，第三产业发展规模超过第二产业规模，工业化对加速城市化历史进程的作用相对减弱，第三产业的作用日益增强。主要体现在两个方面：第一是生产性服务方面。城市中第三产业的发达程度与现代社会的发展和工业的现代化密切相关。现代企业对城市的生产性服务不断提出新的要求。而随着世界经济全球化的发展，众多跨国公司的管理部门与生产过程分离，从而形成新的国际劳动分工。伴随制造业国际扩散的是服务业的国际扩散，出现全球性金融网络和服务网络，由此进一步促进了城市第三产业的发展。第二是生活性服务方面。随着城市居民生活水平的提高，对消费服务业也提出了更高的要求。第三产业的特点是需要人与人面对面的交流，因此不能像工厂那样大规模向郊区转移。而且第三产业门类众多，且需要手工操作的比例较高，使城市能够提供所需的大量不同性质的劳动力就业岗位。因此，第三产业成为现代城市的主要部门，而且城市规模越大，第三产业就业比例越高。

（5）城市化的内生动力——城市的集聚效应

从经济学角度看，城市化是在空间体系下的一种经济转换过程。人和经济之所以向城市集中，是集聚经济和规模经济的结果。城市的集聚效应推动城市经济增长，经济增长又会进一步促进城市化水平的提高。国外许多学者对城市化的集聚效应进行了规范分析。Weber（1966）认为，城市的聚集性能创造出大于分散系统的社会经济效益，从而构成了城市化的基本动力。经济学家保罗贝洛克从经济总量增长与城市化之间的关系，钱纳里从人均GNP与城市化水平之间的关系，库兹涅茨从产业结构高级化与城市化之间的数量关系等方面分析了城市化的动力因素。而佩鲁的增长极理论和缪尔达尔的"循环累积因果理论"，从城市增长方面指出了城市化的倾向。刘易斯—拉尼斯—费景汉模型、托达罗模型等理论模型从影响人口迁移的因素方面分析了城市化的动力。

(6)城市化的调节动力——制度变迁

政府对城市化的认识及制定的与城市化相关的一系列制度和政策,如城市人口政策、土地政策等,均可对城市化进程产生重大影响,之所以称为调节动力是因为制度或政策既可以推动城市化进程,也可以延缓城市化进程。例如,相对宽松的人口政策必然会促进人口向城市移动,而城市对外来人口的限制必然会阻碍城市化进程。

### 3.3.3 城市化过程与模式

#### 3.3.3.1 城市化空间模式

根据全球城市化历史进程的动力因素、集中和分散趋势及空间演变特征,可将城市化一般空间模式分为五个阶段。

(1)内部城市化阶段

1)核心地区的城市化。核心地区是指城市中商业服务区和办公事业集中、交通线路汇集、位置大体适中的、实际上的城市中心区。这里集中了城市的精华,是城市本身的增长极。核心地区的城市化主要是向心型城市化。在西方国家许多大城市的城心地区,建筑向高层空间和地下空间拓展,改变了传统的城市景观。

2)中间市区的城市化。这一区域在城市化过程中极为稳定,地域变动幅度较小、速度和缓,是传递城市各种"流"的过渡地带。中间城市化在城市化过程中表现动态性特点,城市发展规划和城市发展政策的变动使这一地区有可能成为城市中心。该地区城市化的形式主要是充分利用和初步改造。

(2)外围市区城市化

外围市区也称为城乡接合部或城市边缘区,是城市生长最明显、最迅速的地区。

1)对外交通设施的延伸与城市化。外围市区处于交通线附近对外联系便利的地区大多成为城市的增长点。

2)工业的扩展与城市化。随着城市工业外迁以及一些新建项目布局在外围市区,相应带来配套服务设施的建设,导致人口相对集中,使城市规模扩大。

3)住宅的扩散与城市化。城市人口的增加和改善居住条件的欲望,导致城市住宅大量兴建,并不断向外围扩展。随着住宅的扩散,还会带动城市其他服务部门的转移,由此城市不断向外拓展。

上述内部市区城市化阶段与外围市区城市化阶段合称为"中心城市化阶段"。其特征是:城市核心区成为人口、建筑、经济高密度地域,土地利用呈现多样化特点,城市功能分区体系逐渐形成;在形态上市呈摊大饼状由市中心向四周蔓延。

中心城市化发展到后期,往往带来城市核心区人口稠密、用地紧张、交通堵塞、失业率上升、环境污染、投资环境恶化等问题,经济发展由集聚规模经济转向规模不经济。

(3)郊区城市化阶段

郊区城市化发生在工业化后期从工业经济向服务经济的结构转型过程中,广大郊区成为受城市影响最为密切的地区。郊区城市化并不意味着大城市的衰退,大城市的规模仍在扩大,城市功能得到进一步加强,城市扩展方式转为低密度蔓延。

1)郊区城市化产生原因。城市核心区过于密集的生产要素、人口、建筑所带来的"城市病"。城市产业部门的土地竞租机制不断完善。第三产业的土地利用效益和竞租能力明显高于其他产业,其他产业只能向外围转移。城市对外交通网络的形成和交通工具的完善。

2) 郊区城市化的结果

①城市核心区人口向郊区转移;

②郊区成为城市核心区工业扩散的理想区位;

③竞争能力差的商业也被迫迁往郊区;

④促使城市核心区与外围地区共同构成都市化地域。

3) 郊区城市化的特点

①土地利用集约化。城市对生产生活必需品的需求促使郊区的土地利用方式向集约化方向发展,分为三个阶段:作物的商品化、劳动的商品化、土地的商品化(山鹿诚次,1986)。

②产业结构的高级化。城市经济的节约型、创新性和高度竞争性使部分相对落后的产业向外围扩散,郊区最先受到城市经济转换和向外扩散的影响。20 世纪 50 年代以来,在一些发达国家的大城市,首先是工业,然后是商业、服务业向郊区转移,郊区的产业结构不断高级化。

③城市网络化。城市工业、第三产业、住宅不断向郊区扩展、各种交通、通信设施不断向外围延伸,使地区城市结构朝网络化方向发展。

(4) 逆城市化阶段

逆城市化是人口和工商业从中心城市向中小城镇转移,城市化地域不断扩大,向农村地域推进,并以中小城镇的分散发展为主,形成城乡一体化。城市核心区失去繁华景象,出现城市衰退现象。

(5) 再城市化阶段

再城市化也称"再城镇化",是针对逆城市化而言的一个应对过程,使得城市因发生逆城市化而衰败的城市中心区再度城市化的过程,是城市化、郊区城市化、逆城市化和再城市化四个连续过程的第四个过程。当城市化发展到一定水平时,过度集中带来的不利影响开始凸现,城市发展开始倾向分散,最终导致"逆城市化":城市人口、工商业向农村分散,而城市中心区发展缓慢,甚至开始衰落。在此背景下,国家与城市政府积极采取措施,调整产业结构,大力发展高科技产业和第三产业,积极开发市中心衰落区,在市域内实现人口增长,出现了所谓再城市化。总而言之,再城市化就是进一步提升城市化的功能和内涵。

### 3.3.3.2 城市化时间模式

美国城市地理学家 Ray M. Northam 在 1979 年提出以城市化水平为依据,把城市化进程划分为三个阶段,即初始阶段、加速阶段及后期阶段(图 3-4)。各阶段主要特征如下。

(1) 初始阶段

这一阶段主要特征是城市化水平不超过 30%,城市的主要产业仍然是以第一产业为主,城市人口增长速度缓慢,城市化动力主要是由于手工业和商业的分离。

(2) 加速阶段

城市化水平有大的上升,接近 70%,城市人口从事的产业从第一产业转为以第二、三产业为主,城市化动力主要是工业化。

(3) 后期阶段

城市人口比重达到 70% 以上,并趋向饱和,人口增长速度很慢,城市人口从事的产业仍以第二、三产业为主，但第三产业的比重有明显增加。城市化的动力是工业的现代化和第三产业的发展。

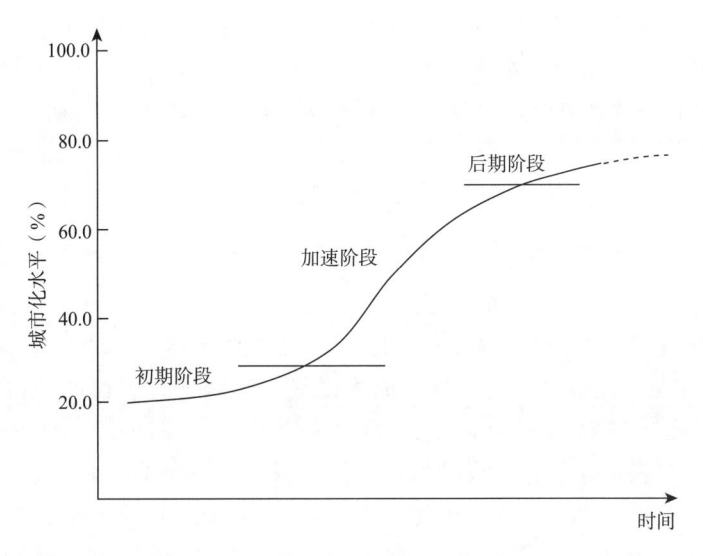

图 3-4 城市化进程的 Logistic 过程示意图(Northam,1979)

### 3.3.3.3 世界城市化进程

世界城市化的进程(图 3-5)大致经历了三个阶段。一是工业革命前时期。早期城市因生产力水平不高，可提供城市居民需要的农副产品数量有限，所以城市发展受到限制。那时城市数目少、规模不大，城市人口比重小，主要分布在灌溉发达、利于农业生产或便于向周围征收农产品的地带。早期城市主要为行政、宗教、军事或手工业中心。这个阶段延续的时间最长，城市人口增长缓慢，直到 1800 年，世界城镇人口仅占总人口的 3%。二是工业社会时期。18 世纪中叶开始，迎来了城市发展史上一个崭新的时期。在工业革命的浪潮中，城市发展之快、变化之巨，超过了以往任何时期。工业化带动城市化，是近代城市化的一个重要特点。欧美国家

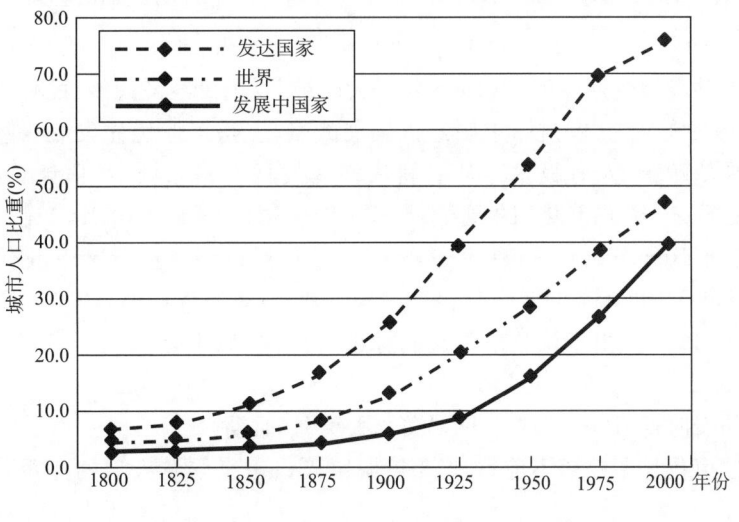

图 3-5 世界城市化水平历程(1800—2010 年)

城市数目激增,城市规模快速增长,英国在1900年城镇人口比重达到75%,成为世界上第一个城市化国家。近代世界城市化的又一特点是亚非国家城市化的兴起,出现了一元的封建城市体系向封建城市与近代城市并存的二元结构转化。世界城市体系的出现是近代城市化的第三个特点。1950年,世界城市化水平上升到29.2%。三是当代世界的城市化。第二次世界大战后,城市化开始形成世界规模。因为从20世纪50年代到70年代初期,资本主义国家经济增长较快,殖民地半殖民地国家取得政治独立以后,经济上也有一定发展,这一切大大加快了世界城市化的进程。发展中国家的城市化已经构成当今世界城市化的主体。

#### 3.3.3.4 中国当代城市化进程与特点

(1)中国当代城市化进程的四个主要阶段

①第一个城市化快速发展阶段(1949—1957年,国民经济恢复与"一五"计划时期)

1949—1952年是国民经济恢复时期。原先受战争影响迁往农村的人口,陆续返回城中。1952年,我国城市总人口为7163万,占总人口比重的12.5%(图3-6)。1953年中国很快进入"一五"计划时期大规模的工业化建设和城市建设。围绕全国694项重点建设项目,采取了"重点建设、稳步前进"的城市发展方针,新建了6个城市,大规模扩建了20个城市,一般扩建了74个城市。由于重视按科学规律办事,各项比例关系比较协调,取得了较好的经济效果。至1957年,城市总人口为9 949万,城市化水平为15.4%,与1949年的10.6%相比,年均增长0.6个百分点。总的来说,这一时期是城市化短暂的健康发展阶段。

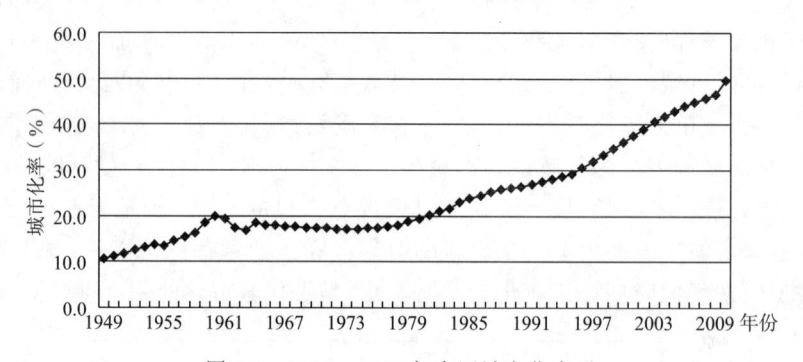

图3-6 1949—2010年中国城市化水平

②城市化波动发展时期(1958—1965年,"大跃进"及国民经济调整时期)

1958年开始的三年"大跃进",中国经济发展战略是:重工业优先发展,战略目标是:赶英超美。工业发展依赖于"人海战术",使农村人口爆发性地进入城市,估计总数达2000万~3000万人,出现了"过量城市化"的现象。1960年全国城市人口达1.31亿,城市化水平为19.7%(1949年为10.6%,1952年为12.5%,1957年为15.4%),而人均占有的粮食从1958年的606斤*锐减至1960年的433斤。1961年开始国民经济调整,1961—1963年动员城市人口回乡,1963—1965年由于调整市镇建制标准等原因,城市化水平下降,到1965年城市化水平为17.9%。

③城市化停滞时期(1966—1978年,"文化大革命"时期)

这个时期城市化长期停滞不前。1978年城镇人口占全国总人口的比重与1966年持平,

---

\* 1斤=0.5 kg,下同。

为17.9%，十多年城市化率没有进展。造成这种状况的原因是多方面的。第一，从经济方面来看，自20世纪50年代开始出现的一些影响城市化健康发展的各种问题长期没有得到解决，有些在"文化大革命"期间表现得更加严重。"文化大革命"不仅给经济建设造成干扰和损失，而且使产业结构不合理的问题更加突出，农业多年来发展缓慢，经济体制更加僵化，城乡分隔更加严重，都阻碍了城市化的发展。第二，从人口政策与城乡人口流动及迁移来看，"文化大革命"时期，出现了以大批知识青年"上山下乡"和"干部下放"为特征的逆城镇化运动，以及严格限制农民转变身份的户籍管理政策和严格限制人口自由流动的人口管理政策，这些因素阻碍了城镇化的正常发展。1978年城镇总人口为17245万人，尽管在总量上较1966年有所上升，但1966—1977年城镇人口占总人口的比例呈现下降趋势，到1978年才恢复到1966年的水平。非农产业人口的比重，仍比1966年低0.8个百分点。1966—1976年"文化大革命"期间，约有2000万城市青年和干部被下放农村，而农村向城市的迁移则从1960年起就几乎完全停止了。第三，从产业布局与迁移来看，在当时特殊的国际局势影响下，国家于20世纪60年代中期做出了以备战为目的的"三线"建设重大战略决策。在"三线"建设的过程中，在中西部地区建设起一批新的工业城市和工业基地，虽然有利于生产力的合理布局和国防，但基建投资没有形成城镇对非农业的吸收能力。第四，从城市建设与管理方面来看，在"文化大革命"初期，城市建设也受到了严重的冲击和破坏。城市建设机构受到冲击，城市规划被废弃，城市建设"见缝插针"，乱搭乱盖，影响了交通，破坏了城市布局，恶化了城市环境，对城市的长期发展造成了严重的障碍。"破四旧"的狂潮对城市文化古迹和园林的破坏更是空前的。20世纪70年代初期之后，社会秩序和经济秩序有所恢复，城市建设工作也重新开展起来，但成效有限。到1978年底，城市建设长期以来遗留了大量的问题，表现为住宅紧张，市政公用设施和文化教育、医疗卫生设施严重不足，城市布局混乱，环境污染严重，直接影响着城市的生产和人民的生活。

④第二个城市化快速发展阶段（1978年以后，改革开放以来）

"文化大革命"结束后，特别是1978年以后，全国工作的重点转移到社会主义现代化建设上来，城镇化也重新走上了正轨，出现了一些新的动向。"文化大革命"期间，我国国民经济各项比例严重失调，因此，从1979年开始进行国民经济的第二次调整。调整期间，经济增长速度较低，但城市化速度却较快，主要是由于各项政策的落实使各类下放农村人员大规模返城，从而出现经济增长与城市化波动不一致的现象。1978年十一届三中全会后，城市化走出了停滞的低谷，城镇人口保持增长，2000年城市化水平达到36.09%；2003年，城市人口有5.24亿，城市化水平达到40.53%；年均增长0.834个百分点，发展较快。2011年我国城市化率首次突破50%，表明我国已经告别了以乡村型社会为主体的时代，迈入了以城市为主体的时代。2012年，城市化率达到52.6%。快速城镇化是改革开放以来，特别是21世纪头10年我国城镇化的主要特点。2000—2010年，我国城镇化率年均增长1.35个百分点，每年2000多万农村人口进入城市。截至2012年底我国建制城市658个，1000万以上人口的城市有5个，400万以上人口的城市有14个，100万以上人口的城市有125个。在我国19683个小城镇中，740个的镇区人口超过5万人。过去10年中，我国城市建成区面积增加60%，我国13.4亿人口中已有7亿居住在城市和小城镇。我国已告别乡村社会，初步进入以城市为主体的城市型社会。

(2) 中国城市化的主要特征

①有计划逐步发展，城市化进入快速发展阶段

新中国成立50多年以来，特别是改革开放近30年来，我国的城市化按步骤逐渐发展，且

速度在加快(图 3-3)。

②乡村城市化开始显现

我国自 1978 年实行农村经济体制改革以来,农村剩余劳动力问题逐渐显现,为此,我国一方面在农村大力发展乡镇企业,一方面放松对人口向城市转移的限制,使得乡村城市化逐渐发展起来,出现了一批各具特色的小城镇,同时也有相当一部分农村人口进入城市,这些都推进了我国乡村城市化进程。

③城市规模体系的动态变化加速,城市群和一批超大城市正在形成

新中国成立以来,特别是 1978 年改革开放以后,我国城市数量增加速度很快。目前已拥有一批巨型城市和超大城市,还出现了多个城市群,同时众多的小城镇也遍布全国各地,从而形成一个规模等级结构合理、布局集中分散有致、职能分工合作的国家城市体系。

④城市化的省际差异明显

我国除几个直辖市和港澳台以外,东北、东南沿海省份的城市化水平较高,而从西南向中部地区延伸的省份城市化水平较低。大城市、特大城市主要分布在东部。

⑤城市化问题不容忽视

尽管在较短时期内我国城市化发展取得了令人瞩目的成就,但仍有一些深层次的矛盾和问题值得注意和解决。有些地方还不能够正确处理农业现代化与工业化、城市化的关系,农业现代化明显滞后于工业化和城市化,一些地方城市化明显滞后于工业化,三者不能同步协调发展,这是当前在城市化进程中十分重要的要注意解决的一个问题。一些地方在城市化的过程中还仍然以牺牲资源和生态环境为代价,城市化的发展方式没有从根本上得到转变,有的地方人口城市化与土地和资源城市化相脱节,虽然土地城市化了,但是人还没有城市化,农村人口还没有完全融入城市(周雪松,2012)。彭真怀(2013)对当前城市化中的主要问题进行了梳理和总结,认为当前城市化的十大重症表现为:制造了城市化率的数字泡沫;放大了户籍壁垒的制度缺陷;暗藏了土地财政的隐性风险;侵蚀了耕地资源的保护红线;引发了攀比冒进的失控开发;催生了商业贿赂的高发多发;扭曲了干部考核的评价导向;漠视了城市自身的弱势群体;割裂了文化遗产的历史传承;恶化了生存发展的环境空间。

## 3.4 系统论

### 3.4.1 系统论方法与思想(百度百科)

系统思想源远流长,但作为一门科学的系统论,人们公认是美籍奥地利人、理论生物学家 L. V. 贝塔朗菲(L. Von. Bertalanffy)创立的。他在 1952 年发表"抗体系统论",提出了系统论的思想。1937 年就提出了一般系统论原理,奠定了这门科学的理论基础。但是他的论文《关于一般系统论》,到 1945 年才公开发表,他的理论到 1948 年在美国再次讲授"一般系统论"时,才得到学术界的重视。确立这门科学学术地位的是 1968 年贝塔朗菲发表的专著:《一般系统理论基础、发展和应用》(*General System Theory: Foundations, Development, Applications*),该书被公认为是这门学科的代表作。20 世纪 70 年代以后,系统论作为一种新的科学方法论令人瞩目,许多国家纷纷建立了专门的学术机构,掀起了一股系统论的研究热潮。1978 年以后,我国著名科学家钱学森和经济学家薛暮桥倡导系统工程,使这门学科在我国得到运用并取

得显著成效。

系统一词,来源于古希腊语,是由部分构成整体的意思,通常把系统定义为由若干要素以一定结构形式联结构成的具有某种功能的有机整体。在这个定义中包括了系统、要素、结构、功能四个概念,表明了要素与要素、要素与系统、系统与环境三方面的关系。

系统论认为,整体性、关联性、等级结构性、动态平衡性、时序性等是所有系统共同的基本特征。系统论的核心思想是系统的整体观念,即"整体大于部分之和"。系统中各要素不是孤立地存在着,每个要素在系统中都处于一定的位置上,起着特定的作用。要素之间相互关联,构成了一个不可分割的整体。要素是整体中的要素,如果将要素从系统整体中割离出来,它将失去要素的作用。正像手在人体中是劳动的器官,一旦将手从人体中砍下来,那时它将不再是劳动的器官一样。

系统论的基本思想方法,就是把所研究和处理的对象当做一个系统,分析系统的结构和功能,研究系统、要素、环境三者的相互关系和变动的规律性,并优化系统观点看问题,世界上任何事物都可以看成是一个系统,系统是普遍存在的。大至渺茫的宇宙,小至微观的原子、一粒种子、一群蜜蜂、一台机器、一个工厂、一个学会团体等都是系统,整个世界就是系统的集合。

### 3.4.2 城市系统论

由于城市系统的许多特征符合系统论的思想方法,许多学者将系统论应用于城市学研究中,产生了城市系统观。城市是一个由若干相互联系、相互影响和相互作用的要素组成的有机整体,是一个多级别的、多要素的、自组织的、复杂的、开放的巨系统,包括人口子系统、资源子系统、环境子系统、生态子系统、社会子系统、经济子系统、文化子系统等。每一个子系统又由许多要素和子系统构成。城市系统有四大特性,即整体性、层次性、结构性和自组织性。各子系统之间保持着一定的结构功能关系,如人口的年龄结构、性别结构、家庭结构、婚姻结构、宗教结构、文化结构、民族结构、城乡结构、职业与行业结构等。城市人口子系统与其他子系统之间进行着物质和能量的交换,而且保持着一定量的比例关系。在城市系统中,人是唯一具有主观能动性的要素,具有一定的控制功能,居于支配地位;但这并不代表人口子系统不受约束,人口再生产与人类社会的物质再生产及其他子系统之间有一定的比例关系,其他子系统对人口子系统具有制约和反馈机制。人口过程是部分与整体的统一,是功能与结构的统一。城市系统论要求我们在分析人口问题时,需要用系统论的思想和方法来分析解决问题,不能孤立地、片面地、静止地看问题。

## 3.5 可持续发展理论(MBA 智库百科)

### 3.5.1 可持续发展的缘起

可持续发展理论的形成经历了相当长的历史过程。20 世纪 50—60 年代,人们在经济增长、城市化、人口、资源等所形成的环境压力下,对"增长=发展"的模式产生怀疑并展开讨论。1962 年,美国女生物学家莱切尔·卡逊(Rachel Carson)发表了一部引起很大轰动的环境科普著作《寂静的春天》,作者描绘了一幅由于农药污染所导致的可怕景象,惊呼人们将会失去"春光明媚的春天",在世界范围内引发了人类关于发展观念上的广泛争论。10 年后,两位著名美国学者巴巴拉·沃德(Barbara Ward)和雷内·杜博斯(Rene Dubos)的著作《只有一个地球》问世,把人类生存与环境的认识推向一个新境界——可持续发展的境界。同年,一个非正式国际著名学术团体——罗马俱乐部发表了有名的研究报告《增长的极限》,明确提出"持续增长"和"合理的持久的均衡发展"的概念。1987年,以挪威首相布伦特兰为主席的联合国世界与环境发展委员会发表了一份报告——《我们共同的未来》,正式提出可持续发展概念,并以此为主题对人类共同关心的环境与发展问题进行了全面论述,受到世界各国政府组织和舆论的极大重视,在1992年联合国环境与发展大会上102个国家首脑共同签署了《21世纪议程》,发表里约宣言,可持续发展理念得到与会者的共识与承认。

### 3.5.2 可持续发展的概念与内涵

#### 3.5.2.1 可持续发展的概念

与任何经济理论和概念的形成和发展一样,可持续发展概念形成了不同的流派,这些流派或对相关问题有所侧重,或强调可持续发展中的不同属性,从全球范围来看,比较有影响的有以下几类。

(1)着重于从自然属性定义可持续发展

较早的时候,持续性这一概念是由生态学家首先提出来的,即所谓生态持续性。它旨在说明自然资源及其开发利用程度间的平衡。1991年11月,国际生态学协会(INTECOL)和国际生物科学联合会(IUBS)联合举行关于可持续发展问题的专题研讨会。该研讨会的成果不仅发展而且深化了可持续发展概念的自然属性,将可持续发展定义为"保护和加强环境系统的生产和更新能力"。从生物圈概念出发定义可持续发展,是从自然属性方面定义可持续发展的一种代表,即认为可持续发展是寻求一种最佳的生态系统以支持生态的完整性和人类愿望的实现,使人类的生存环境得以持续。

(2)着重于从社会属性定义可持续发展

1991年,世界自然保护同盟、联合国环境规划署和世界野生生物基金会共同发表了《保护地球——可持续生存战略》(Caring For the Earth: A strategy For Sustainable Living)(以下简称《生存战略》)。《生存战略》提出的可持续发展定义为,"在生存于不超出维持生态系统涵容能力的情况下,提高人类的生活质量",并且提出可持续生存的九条基本原则。在这九条基本原则中,既强调了人类的生产方式与生活方式要与地球承载能力保持平衡,保护地球的生命力和生物多样性,同时,又提出了人类可持续发展的价值观和130个行动方案,着重论述了可持续发展的最终落脚点是人类社会,即改善人类的生活质量,创造美好的生活环境。《生存战略》认为,各国可以根据自己的国情制定各不相同的发展目标。但是,只有在"发展"的内涵中包括提高人类健康水平、改善人类生活质量和获得必须资源的途径,并创造一个保持人们平等、自由、人权的环境;"发展"只有使我们的生活在所有这些方面都得到改善,才是真正的"发展"。

(3)着重于从经济属性定义可持续发展

这类定义有不少表达方式。不论哪一种表达方式,都认为可持续发展的核心是经济发展。在《经济、自然资源:不足和发展》一书中,作者Edward B. Barbier把可持续发展定义为"在保持自然资源的质量和其所提供服务的前提下,使经济发展的净利益增加到最大限度"。还有的学者提出,可持续发展是"今天的资源使用不应减少未来的实际收入"。当然,定义中的经济发展已不是传统的以牺牲资源和环境为代价的经济发展,而是"不降低环境质量和不破坏世界自然资源基础的经济发展"。

(4) 着重于从科技属性定义可持续发展

实施可持续发展,除了政策和管理国家之外,科技进步起着重大作用。没有科学技术的支持,人类的可持续发展便无从谈起。因此,有的学者从技术选择的角度扩展了可持续发展的定义,认为"可持续发展就是转向更清洁、更有效的技术,尽可能接近'零排放'或'密闭式'工艺方法,尽可能减少能源和其他自然资源的消耗"。还有的学者提出,"可持续发展就是建立极少产生废料和污染物的工艺或技术系统"。他们认为,污染并不是工业活动不可避免的结果,而是技术差、效益低的表现。

(5) 被国际社会普遍接受的布氏定义的可持续发展

1988年以前,可持续发展的定义或概念并未正式引入联合国的"发展业务领域"。1987年,布伦特兰夫人主持的世界环境与发展委员会对可持续发展给出了定义:"可持续发展是指既满足当代人的需要,又不损害后代人满足其需要的能力的发展。"1988年春,在联合国开发计划署理事会全体委员会的磋商会议期间,围绕可持续发展的含义,发达国家和发展中国家展开了激烈争论,最后磋商达成一个协议,即请联合国环境理事会讨论并对"可持续发展"一词的含义草拟出可以为大家所接受的说明。1981年5月举行的第15届联合国环境署理事会期间,经过反复磋商,通过了《关于可持续发展的声明》。

### 3.5.2.2 可持续发展的内涵

从全球普遍认可的概念中,我们可以梳理出可持续发展有以下几个方面的丰富内涵。

(1) 共同发展

地球是一个复杂的巨系统,每个国家或地区都是这个巨系统不可分割的子系统。系统的最根本特征是其整体性,每个子系统都和其他子系统相互联系并发生作用,只要一个系统发生问题,都会直接或间接影响到其他系统的紊乱,甚至会诱发系统的整体突变,这在地球生态系统中表现最为突出。因此,可持续发展追求的是整体发展和协调发展,即共同发展。

(2) 协调发展

协调发展包括经济、社会、环境三大系统的整体协调,也包括世界、国家和地区三个空间层面的协调,还包括一个国家或地区经济与人口、资源、环境、社会及内部各个阶层的协调,持续发展源于协调发展。

(3) 公平发展

世界经济的发展呈现出因水平差异而表现出来的层次性,这是发展过程中始终存在的问题。但是这种发展水平的层次性若因不公平、不平等而引发或加剧,就会因为局部而上升到整体,并最终影响到整个世界的可持续发展。可持续发展思想的公平发展包含两个维度:一是时间维度上的公平,当代人的发展不能以损害后代人的发展能力为代价;二是空间维度上的公平,一个国家或地区的发展不能以损害其他国家或地区的发展能力为代价。

(4) 高效发展

公平和效率是可持续发展的两个轮子。可持续发展的效率不同于经济学的效率,可持续发展的效率既包括经济意义上的效率,也包含着自然资源和环境损益的成分。因此,可持续发展思想的高效发展是指经济、社会、资源、环境、人口等协调下的高效率发展。

(5)多维发展

人类社会的发展表现出全球化的趋势,但是不同国家与地区的发展水平是不同的,而且不同国家与地区又有着异质性的文化、体制、地理环境、国际环境等发展背景。此外,因为可持续发展又是一个综合性、全球性的概念,要考虑到不同地域实体的可接受性,因此,可持续发展本身包含了多样性、多模式的多维度选择的内涵。因此,在可持续发展这个全球性目标的约束和指导下,各国与各地区在实施可持续发展战略时,应该从国情或区情出发,走符合本国或本区实际的、多样性、多模式的可持续发展道路。

### 3.5.3 可持续发展的主要内容

在具体内容方面,可持续发展涉及可持续经济、可持续生态和可持续社会三方面的协调统一,要求人类在发展中讲究经济效益、关注生态和谐和追求社会公平,最终达到人的全面发展。这表明,可持续发展虽然源于环境保护问题,但作为一个指导人类走向 21 世纪的发展理论,它已经超越了单纯的环境保护。它将环境问题与发展问题有机地结合起来,已经成为一个有关社会经济发展的全面性战略。具体来说有以下几个方面。

(1)在经济可持续发展方面

可持续发展鼓励经济增长而不是以环境保护为名取消经济增长,因为经济发展是国家实力和社会财富的基础。但可持续发展不仅重视经济增长的数量,更追求经济发展的质量。可持续发展要求改变传统的以"高投入、高消耗、高污染"为特征的生产模式和消费模式,实施清洁生产和文明消费,以提高经济活动中的效益、节约资源和减少废物。从某种角度上,可以说集约型的经济增长方式就是可持续发展在经济方面的体现。

(2)在生态可持续发展方面

可持续发展要求经济建设和社会发展要与自然承载能力相协调。发展的同时必须保护和改善地球生态环境,保证以可持续的方式使用自然资源和环境成本,使人类的发展控制在地球承载能力之内。因此,可持续发展强调了发展是有限制的,没有限制就没有发展的持续。生态可持续发展同样强调环境保护,但不同于以往将环境保护与社会发展相对立的做法,可持续发展要求通过转变发展模式,从人类发展的源头、从根本上解决环境问题。

(3)在社会可持续发展方面

可持续发展强调社会公平是环境保护得以实现的机制和目标。可持续发展指出世界各国的发展阶段可以不同,发展的具体目标也各不相同,但发展的本质应包括改善人类生活质量,提高人类健康水平,创造一个保障人人平等、自由、教育、人权和免受暴力的社会环境。这就是说,在人类可持续发展系统中,经济可持续是基础,生态可持续是条件,社会可持续才是目的。下一世纪人类应该共同追求的是以人为本位的自然—经济—社会复合系统的持续、稳定、健康发展。

作为一个具有强大综合性和交叉性的研究领域,可持续发展涉及众多的学科,可以有不同重点的展开。例如,生态学家着重从自然方面把握可持续发展,理解可持续发展是不超越环境系统更新能力的人类社会的发展;经济学家着重从经济方面把握可持续发展,理解可持续发展是在保持自然资源质量和其持久供应能力的前提下,使经济增长的净利益增加到最大限度;社会学家从社会角度把握可持续发展,理解可持续发展是在不超出维持生态系统涵容能力的情况下,尽可能地改善人类的生活品质;科技工作者则更多地从技术角度把握可持续发展,把可持续发展理解为建立极少产生废料和污染物的绿色工艺或技术系统。

### 3.5.4 可持续发展的基本原则

可持续发展是一种新的人类生存方式。这种生存方式不但要求体现在以资源利用和环境保护为主的环境生活领域,更要求体现到作为发展源头的经济生活和社会生活中去。贯彻可持续发展战略必须遵从一些基本原则。

(1) 公平性原则(fairness)

可持续发展强调,发展应该追求两方面的公平。一是本代人的公平即代内平等。可持续发展要满足全体人民的基本需求和给全体人民机会以满足他们较好生活的愿望。当今世界的现实是:一部分人富足,而占世界 1/5 的人口处于贫困状态;占全球人口 26% 的发达国家耗用了全球 80% 的能源、钢铁和纸张等。这种贫富悬殊、两极分化的世界不可能实现可持续发展。因此,要给世界公平的分配和公平的发展权,要把消除贫困作为可持续发展进程特别优先的问题来考虑。二是代际间的公平即世代平等。要认识到人类赖以生存的自然资源是有限的。本代人不能因为自己的发展与需求而损害人类世世代代满足需求的条件——自然资源与环境。要给世世代代以公平利用自然资源的权利。

(2) 持续性原则(sustainability)

持续性原则的核心思想是指人类的经济建设和社会发展不能超越自然资源与生态环境的承载能力。这意味着,可持续发展不仅要求人与人之间的公平,还要顾及人与自然之间的公平。资源和环境是人类生存与发展的基础,离开了资源和环境,就无从谈及人类的生存与发展。可持续发展主张建立在保护地球自然系统基础上的发展,因此发展必须有一定的限制因素。人类发展对自然资源的耗竭速率应充分顾及资源的临界性,应以不损害支持地球生命的大气、水、土壤、生物等自然系统为前提。换句话说,人类需要根据持续性原则调整自己的生活方式、确定自己的消耗标准,而不是过度生产和过度消费。发展一旦破坏了人类生存的物质基础,发展本身也就衰退了。

(3) 共同性原则(common)

鉴于世界各国历史、文化和发展水平的差异,可持续发展的具体目标、政策和实施步骤不可能是唯一的。但是,可持续发展作为全球发展的总目标,所体现的公平性原则和持续性原则,则是应该共同遵从的。要实现可持续发展的总目标,就必须采取全球共同的联合行动,认识到我们的家园——地球的整体性和相互依赖性。从根本上说,贯彻可持续发展就是要促进人类之间及人类与自然之间的和谐。如果每个人都能真诚地按"共同性原则"办事,那么人类内部及人与自然之间就能保持互惠共生的关系,从而实现可持续发展。

## 3.6 木桶原理

木桶原理又称短板理论,是管理学中的范畴,由美国管理学家彼得提出。其核心内容为:一只木桶盛水的多少,并不取决于桶壁上最高的那块木块,也不取决于木板的平均长度,而恰恰取决于桶壁上最短的那块。由此可见,在事物的发展过程中,"短板"要素的长度决定其整体发展程度。由于自然资源分布的不均衡性和城市自然地理环境的区域差异性,不同城市资源环境及社会经济等各个要素的赋存不同,导致不同城市适度人口容量规模不尽相同。而对于同一城市而言，不同要素赋存程度各不相同，其对城市人口容量的限制程度不同。城市适度人口容量的多少最终取决于资源最紧缺的要素，即"最短板要素"。城市资源与地理环境的差异性，决定了不同城市"最短板要素"也不尽相同。根据木桶原理，应该根据"最短板"要素确定最终的城市人口容量。要扩大城市适度人口容量，必须改善"最短板要素"对人口容量的限制。

# 第 4 章
# 城市适度人口容量影响因素

## 4.1 城市自然环境对人口容量的影响

城市人口容量与城市自然地理环境及资源状况密切相关。城市环境资源要素包括自然环境要素与人文环境要素。自然地理要素主要包括地质地貌、气候水文、土壤植被及土地资源、水资源及气候资源等。

### 4.1.1 地质、地貌对人口容量的影响

城市的地质、地貌环境,是建设城市的直接基础,包括地形、地质环境、土地平坦程度、宽广程度、倾斜(坡度)起伏等地形性质,还包括下伏地质状况,如土质的种类、岩层的类型、崩塌和滑坡的可能性、断层的存在等。一个场所一旦建设为城市,其后的城市发展能影响到那个场所的地形和地质环境。在陡坡的地区,排水不畅的湿地建成区难以扩大。城市发展的成长期,城市与其周围地形、地质环境对建成区的扩大产生很大影响。城市发展初期,建筑物的建设往往选择地形、地质环境好的场所,地形、地质环境不太满意的地方就不建设建筑物。然而,随着人口压力的增大,与其到远处建设住宅,不如到地形、地质环境不太满意,但距离较近的地区建设住宅更经济、便利,于是在地形、地质环境差的地方也进行住宅建设。

地质条件对城市建筑高度有一定制约,影响到城市建筑成本及城市灾害的脆弱性和敏感性,而建筑高度对人口容量有直接的影响,在建设用地面积相同的情况下,地质基础好,建筑层高越高,人口容量越大。当然,技术的进步降低了地质条件对城市建设的影响程度。即使是陡坡地区也可以成为住宅地的雏形,就是在软弱的地基上也能建设高层大厦。

地貌类型有平原、谷地、高原、盆地和海岸等。地形对城市中心的形成、建成区的扩大有影响,进而会影响到人口的分布及人口容量的大小。在城市发展早期阶段,建成区在地形障碍小的地方扩大,后期随着城市的发展,逐渐向周围扩展。但不同地形的城市扩展的方向和潜力大小不同,人口容量大小因而不同。平原城市可以向四周扩展,扩展潜力相对较大,城市人口容量就较大;河谷型城市则受地形的限制,只能沿河谷延伸,扩展潜力较小,人口容量一般也较小;山地城市与河谷城市情况差不多。一般情况下,在城市总面积相同时,平原城市由于地形没有显著的障碍,适宜建设用地面积比例高,建筑用地比例也会相对较高,城市建设用地的大

小直接影响城市建成区面积的大小。城市建设用地与适度人口容量成正相关关系,城市建设用地越大,相应能容纳的城市人口数量也就越多;反之,城市用地面积越小,能容纳的城市人口数量越小。同时,地形平坦,城市交通网络规划建设难度小,有利于城市的发展,交通容量也会较大,特别是在河流三角洲及流域冲积平原上的城市,自身的人口容量较大,而且具备了控制广大腹地的交通便利地点,城市往往会发展成较大规模的城市。相反,河谷型、山地型城市则适宜建设用地面积比例相对较小,建筑用地面积比例相对较低,人口容量会较小;同时,城市规划与建设难度增大,成本升高;交通路网规划建设难度也会增加,交通容量会受到影响。

### 4.1.2 气候水文对人口容量的影响

气候环境影响城市水资源状况和城市宜居程度,降水较多的地方,河网较密,水资源丰沛,对人口容量限制较小;降水较少的地方,河流稀疏,水资源缺乏,对人口容量限制较大。在我国,受海陆位置及季风气候等要素影响,东部季风区降水普遍较多,这里的城市受水资源限制较小;西北干旱区降水较少,水资源匮乏,对城市人口容量限制相对较大。当然并非降水越多越好,一般来说,气温适中、降水适量有利于城市的形成和发展。

### 4.1.3 自然资源对人口容量的影响

自然资源是指作为生产原料和布局场所天然存在的自然物,是自然界中一切能为人类利用的自然要素,包括矿产资源、土地资源、森林资源、水资源、海洋资源等。其中,矿物、土地和水资源影响到城市产生和发展的全过程,决定城市的选址、城市性质和规模、城市空间结构及城市特色,是城市赖以生存的基本资源,对城市人口容量有着直接影响。

(1) 矿产资源

矿产资源的开采和加工可以促成新城市的产生。许多矿业城市是随着采掘业规模的扩大,为其提供生产性服务和生活性服务的产业逐渐兴起,从而形成一个完整的经济体系,城市由雏形慢慢成长起来。矿业城市中,矿产开采和加工业是城市主导产业部门,城市性质和发展方向在城市产生之日就已经决定了,如大同、大庆、白银、冷湖等。矿业城市的规模取决于采掘业规模。值得注意的是,无论何种资源,也无论其储存量有多大,只要是不可再生资源,就会有资源枯竭的时候。所以,城市在失去固有的资源优势后,如何保持旺盛的经济活力和持久的发展势头,是矿业城市必须研究的一个重大课题。随着资源的枯竭,许多矿业城市的经济开始衰退,进而引发城市就业及经济发展等一系列问题,如果产业转型等问题得不到合理的解决,就会导致城市的衰退,甚至一些城市成为"鬼城"。

(2) 土地资源

任何城市都要占用一定的地表空间,土地资源为城市提供了布局的场所和发展的舞台,是城市存在的基础。土地资源决定城市规模和人口密度。在平原地区,未来发展用地基本上不存在自然障碍,理论上城市可无限制地向外扩展,土地资源对城市规模没有制约作用。而在丘陵盆地、河流谷地、山间盆地中,适合城市发展的土地资源在一个小区域内是有限的,从而对城市无限制外延构成约束,城市规模特别是用地规模就会稳定在某个数值上。这类地区不可能形成数百万人口规模的巨型城市。

(3) 水资源

城市是人口和产业的集聚体,因而是一个巨大的耗水体。城市中的工农业生产及其他产业活动、居民生活、绿化等都离不开水,江河湖海等地表水体的分布是城市形成发展的基本条件。因而,在城市的选址及空间分布中,"沿河、沿海设市"是古代城址选择所遵循的一般规律,也是现代城市发展必须考虑的重要因素。水资源不但制约着城市经济的发展,左右城市的职能、性质和发展方向,而且影响着城市人口规模。受自然地理条件影响,许多城市面临缺水的严峻局面。尽管可以采取修建水利设施,进行跨流域调水等措施改善一些缺水城市的水资源短缺形势,但目前来看,其作用是有限的。

### 4.1.4 城市生态环境对人口容量的影响

城市是由社会、经济和自然三个子系统构成的复合生态系统,城市生态环境是人与自然和谐发展的系统,它既是自然生态系统发展到一定阶段的结果,也是人类生态系统发展到一定阶段的结果,是人类生态系统的重要组成部分。人口与环境是一个完整的、具有一定结构和功能的系统,两者都是一定的生产力和生产关系的产物。生活在环境总体中的人口,从各种不同环境中取得生存所必需的各项资源,不时与环境中的不利因素相抗衡又相适应,并通过劳动影响和改变着环境。环境既是人口赖以生存的条件,又是人口劳动创造的产物,是变化了的"人工化的自然界"。人类无法脱离自然界而独立生存,虽然说人具有主观能动性,人类可以适应、改造自然,但这种改造不是无限制的,人们不可能超越自然规律和社会规律而任意地改变环境,否则,改变的能量越大,所受的惩罚也越大。恩格斯(中共中央马克思恩格斯列宁斯大林著作编译局,1971)曾经说过:"我们不要过分陶醉于我们对自然界的胜利。对于每一次这样的胜利,自然界都报复了我们。每一次胜利,在第一步都确实取得了我们预期的结果,但是在第二步和第三步却有了完全不同的、出乎预料的影响,常常把第一个结果又取消了。"长期以来,人们对人口与环境的相互依存、相互制约的关系认识不足,重视不够。在改造环境上,往往为了局部的、眼前的利益而损害整体的和长远的利益,导致生态危机。城市居民要生活和工作,就不可避免地对城市环境产生一定的影响,就要受到环境的约束。尽管目前人类科学技术取得了长足的进步和发展,但我们仍然摆脱不了自然环境对城市人口的限制。城市生态环境系统主要包括城市陆地、大气、水域面积及生物多样性等,根据生态足迹理论可以判定既定生态区域内承载的城市人口规模应具有一定的上限水平。同时,生态环境各个单项因子也有相应的环境容量,如水环境有水环境容量,大气环境有大气环境人口容量。水环境容量是指某一水环境单元在特定的环境目标下所能容纳污染物的量,也就是指环境单元依靠自身特性使本身功能不至于破坏的前提下能够允许的污染物的量。水环境容量的大小不仅与水体特征、水质目标及污染物特性有关,还与污染物的排放方式及排放的时空分布有密切关系。

## 4.2 城市社会经济对人口容量的影响

首先要说明的是,城市社会经济受自然地理环境的影响和制约。城市一切问题都与人口问题有关,一般来说,城市人口越多、规模越大,城市经济规模就越大,相应的经济实力就越强,城市的规模经济效益越突出,给城市经济社会发展带来的影响越大。但是,城市人口规模并非越大越好,城市规模本身并不是可以不受限制地扩张,一个城市的人口容量受社会、经济和资源环境等因素的制约,城市规模越大,城市管理的难度也越大。如果一个城市的人口规模小于其人口容量,则人口规模还有一定的扩张余地,而不至引起资源生态环境系统或社会经济系统的危机;如果城市人口规模大于人口容量,则说明城市人口对资源生态环境系统或社会经济系统的综合压力已超出这两个系统的最大承载能力。一旦出现第二种情况,将会引起城市所在地自然资源供给系统的永久性破坏,从而导致该城市人口容量的永久性减少或城市社会经济系统功能紊乱,就会引起一系列社会经济问题。所以,在城市可持续发展的基础上界定城市人口容量,采取适宜的手段使城市人口规模与其容量相适应,是城市健康发展的一项重要工作。城市社会经济对人口规模的影响主要取决于城市经济发展水平、经济发展形势、城市各项设施承载能力及城市的政策与制度等方面。

### 4.2.1 经济要素对城市人口容量的影响

经济要素对城市人口容量的影响主要通过经济发展水平、产业结构的变化及经济运行形势的好坏等影响城市就业岗位的变化和城市人口收入水平的变化。经济发展为人口提供各种支撑作用,一定时期内,经济增长速度与人口递增速度应该保持在合理的范围内,特别是城市经济形势的好坏,产业结构合理程度直接决定就业吸纳能力的大小。劳动力密集型、资本密集型、技术密集型等不同产业吸纳劳动力的能力是不同的,对经济的贡献能力也是不同的。

城市经济发展所产生的对劳动力的大量需求是城市人口规模迅速扩大的根本原因。城市经济发展了,就业机会就多,城市的吸引力增大,相应对劳动力的需求就会增多。处于不同经济发展阶段的城市所提供的就业岗位总量是不同的,而就业岗位的数量是直接影响城市人口容量的首要社会经济因素。作为一个城市居民首先必须有经济来源,能够支撑其对衣、食、住、行等方面的基本需求,才能在城市中生存。同时,只有当城市失业人员数量控制在一定比例之下,社会才能够保持较为稳定的状态。此外,城市的收入水平将会影响城市的劳动力供给和城市的吸引力,从而对城市的人口容量造成影响。同时,城市收入水平的提高增进了人们对住宅的需求,会导致城市在空间上的增长,城市居民的效用水平也同时上升。

### 4.2.2 城市设施和公共服务对城市人口容量的影响

城市基础设施(urban infrastructure)是城市生存和发展所必须具备的使城市中各种经济活动和其他社会活动能够顺利进行而建设的各类设施的总称,一般分为工程性基础设施和社会性基础设施两类。工程性基础设施一般指能源系统、给排水系统、交通系统、通信系统、环境系统、防灾系统等工程设施。社会性基础设施则指行政管理、文化教育、医疗卫生、商业服务、金融保险、社会福利等设施。对于每一个城市而言,在任何一个特定的历史阶段,其基础设施能够提供的服务是有限的,换句话说,城市基础设施能够容纳的人口数量是有限的。如交通设施中,道路和交通工具承载的交通容量是有限的;商业服务设施中,居民房屋建设规模是有限的。随着生活水平的提高,人们对住房从量到质的要求也必然随之提高;如果城市能够满足居民对住房的需求,则会使城市的人口容量增加,反之则会使城市人口容量减少。教育、医疗设施同样会随着人们生活水平的提高而变化,如果人们收入增加,对教育、医疗设施的需求也必然随之提高;如果城市不能提供足够的教育、医疗设施,也必将使城市人口容量减少。当今社会公共服务在人们日常生活中的角色越来越重要,而公共服务主要依靠财政资金支持。城市所能提供的公共服务则取决于该城市的经济规模和政府所能提供的公共财政预算。尽管可以通过增加基础设施建设投资来增加服务,但要受到城市用地空间、城市财政收入等要素的限制。

## 4.2.3 社会文化对城市人口容量的影响

城市人口科学文化素质的高低,从整体上影响着人们的资源观、环境观和发展观,从而影响到城市人口容量的大小。

科学文化素质较高的人口,有正确的生态环境意识,在发展经济的同时,能重视环境保护工作,形成人口、环境与发展的良性循环;若人口素质较低,生态和环境保护意识往往较差,要实现资源的合理利用、社会经济和生态环境的可持续发展是不可能的。

人口科学文化素质的高低,对资源的开发和利用有着直接的影响。人口科学文化素质高,才能开发和利用更多、更广泛的自然资源,在资源的使用上也更有选择的余地;而科学文化素质低的人口,缺乏开发利用新资源的知识和能力,因此不得不依赖现有的资源,当对这些资源的依赖和使用超过一定强度后,就会造成不可挽回的恶果。

科学文化素质不同的人口,对资源利用的充分程度也大不相同。科学文化素质较低的人口,对资源的利用往往不充分,甚至产生全社会对资源的浪费性使用。这样,为了维系发展(这种发展往往是低水平的),一方面要求使用更多的资源,另一方面又向环境排出更多的废弃物,对生态环境造成更大的压力。

人口科学文化素质的高低,直接影响着人类活动的环境后果。科学文化素质较低的人口,或因缺乏环境意识,或因对知识的掌握和运用水平不够,他们的行为经常导致环境的破坏。如农药及化肥的不当或过度使用,导致农业的面源污染。至于环境的治理和改善工作,科学文化素质高的人口表现出更大的优势,他们掌握了更多的先进科学技术知识和管理经验,并将这些运用到环境的保护和改善中。

人们的消费方式、消费观念及消费水平对适度人口容量也有一定的影响,如对于等量的城市资源与服务,人均消费水平高,城市适度人口容量就小。

## 4.2.4 政策与制度对城市人口容量的影响

城市的土地市场、资本市场、住房市场、规划法规等,在较大程度上决定着城市的人口密度及人口分布。政策和制度既可以对城市人口规模产生直接影响,也可以直接或间接地影响城市人口容量的大小。如城市的人口政策、户籍政策、住房政策会对城市人口规模及人口容量产生一定的影响。成功的宏观经济管理可以保持经济的快速增长,保持劳动力需求和工资稳定增长;伴随着经济增长的工业、服务业和政府活动的增长,对城市劳动力需求有最直接的重要作用。显然,合理的经济政策和制度能够促进城市经济健康发展,扩大城市经济人口容量;相反,不合理的政策和制度可能导致经济衰退,从而引发人口容量缩小。同理,合理的环境政策和制度能够保障环境的可持续性,使环境人口容量保持在一定水平;如果环境政策及制度不到位,可能使环境退化,导致环境容量缩小,从而引发人口容量缩小。

# 第 5 章
# 城市适度人口容量研究方法

迄今为止,城市适度人口容量的研究方法、模型与算法多种多样,尚未形成一种通用的计算模式。从研究视角看,既有承载力视角的研究,也有适度人口视角的研究;从研究路径看,经历从单因子分析法到多目标决策法再到综合因素法确定适度人口容量的变化;从计算方法看,从最初的 Logistic 增长曲线方程,到系统动力学模型,再到 K 值可以动态提升的双 Logistic 曲线方程及生态足迹、虚拟水、能值分析等。从目前国内外已有的相关研究来看,适度人口容量计算方法主要有自然因子分析法、承载力分析法、系统动力学模型及多目标决策法。既有基于生态足迹的模型,也有基于"可能—满意度"的模型("P-S"模型)及 P-R-E 模型等。

## 5.1 城市适度人口容量单因子匹配法

城市适度人口容量单因子匹配法主要考虑某一个城市系统构成要素对城市人口容量的限制,据此来确定城市人口规模的大小。

城市人口容量的影响因素很多,包括自然要素与社会经济要素,城市人口容量 $P$ 受城市用地面积 $l$、水资源总量 $w$、生态环境 $h$、经济发展要素 $e$ 等条件约束,其数学函数表达式如下:

$$P = f(l, w, h, e, \cdots) \tag{5-1}$$

根据木桶定理,城市发展的优劣,往往不是由最优的条件决定,而应由最制约发展的因素左右。每一个影响因素都可能成为人口容量的最短边。河谷型城市人口容量应是各个因素同时作用的结果,可表示如下:

$$P_{opc} = \min\{P_l, P_w, P_h, P_e, \cdots\} \tag{5-2}$$

式中:$P_{opc}$ 为城市适度人口容量,$P_l$ 为城市空间约束的人口容量,$P_w$ 为可供水资源的人口容量,$P_h$ 为生态环境的人口容量,$P_e$ 为经济条件约束的人口容量。

对于每个影响因素的人口容量测算,若存在多情景模式,可以取不同情景模式下人口容量的平均值作为该影响因素的最终人口容量。即对某一影响因素 $m$ 而言,有 $n$ 种情景方案的适度或最大人口容量值 $(P_1, P_2, P_3, \cdots, P_n)$,则该影响因素的最终适度或最大人口容量规模可取平均值,表示为:

$$P_m = (P_1 + P_2 + P_3 + \cdots + P_n)/n \tag{5-3}$$

## 5.1.1 土地资源承载力匹配的城市适度人口容量

土地资源具有生产性功能、承载功能、提供原料的功能、观赏性功能,以及储蓄和增值的功能。早期的土地承载力从粮食生产能力的角度进行研究,只是对研究区域所能供养人口数量的粗略估计,忽略了土地的其他功能,存在许多缺陷。由于城市在国家和区域发展中,具有生产功能、服务功能、管理功能、协调功能、集散功能、创新功能,是人口和经济最集中、最活跃的区域。在城市土地利用中,城市建设用地(Urban Development Land,UDL)是城市居民生活场所、操作空间和建筑工程的载体,是用于城市建设和发展过程中建造建筑物、构筑物及其使用范围的土地。在城市人口容量测算中,从城市的主要功能出发,侧重于研究土地作为活动场所、建筑物基地的空间承载功能,其分析以建设用地为主,这是制约城市空间承载能力的主要因素。城市的适宜建设土地资源量是指自然条件和社会经济条件适宜于建设用途并且开发后不会对生态环境产生不利影响的土地资源量,其计算主要通过建设用地适宜性评价得到。一般针对具体城市因地制宜地选择影响城市建设用地适宜性的主要因子,建立适当的评价准则及指标体系,在遥感及 GIS 技术支持下,采用适合的数学方法计算适宜建设的土地资源量。常用的数学方法有多因子加权评判法、生态因子组合法、神经网络法、模糊综合评判法、多目标决策支持系统、AHP 方法、有序加权平均法(Ordered Weighted Averaging,OWA)等。不同的数学方法计算步骤和过程不尽相同。但有一点是相同的,即城市建设用地适宜性评价的关键是针对不同区域建立合适的建设用地适宜性评价准则和指标体系。测算出城市适宜建设用地的土地资源数据后,根据城市建设用地的类型及其比例关系测算城市适度人口容量。

### 5.1.1.1 人均建设用地指标求算法

对于具体城市而言,城市用地空间是一定的,通过人均建设用地指标可估算城市人口容量。在城市发展规划中,为了尽可能地集约节约利用各种自然资源,许多学者提出发展紧凑型城市,城市应实行"精明增长(smart growth)"政策(仇保兴,2003,2004;马强等,2004)。住房和城乡建设部在《城市用地分类与规划建设用地标准》(GB 50137-2011)中提出 1 万人/km² 的宜居型城市用地标准。据此提出测算城市适度人口容量的经验公式:

$$P_{UDL} = 1 \times A_{UDL} \tag{5-4}$$

式中:$P_{UDL}$ 为城市建设用地规模约束的适度人口容量(单位:万人,下同),$A_{UDL}$ 为城市建设用地面积(单位:km²,下同)。

根据城市规划法规(中华人民共和国住房和城乡建设部,2011),城市的规划人均建设用地(Urban Development Land Per Capita,UDLPC)指标应不低于 65 m²/人,据此,得到城市最大人口容量($P_{max}$)计算公式:

$$P_{max} = 100 \times A_{UDL}/65 \tag{5-5}$$

如果考虑城市规模的差异,不同规模的城市人均建设用地有不同标准。根据《城市用地分类与规划建设用地标准》(GB 50137-2011)首都及新建城市按表 5-2 取值,其他城市按表 5-1 取值,则城市最大人口容量($P'_{max}$)可按如下公式计算:

$$P'_{max} = 100 \times A_{UDL}/S_{UDLPC} \tag{5-6}$$

式中:$P'_{max}$ 为人均城市建设用地约束的适度人口容量,$A_{UDL}$ 为城市建设用地面积,$S_{UDLPC}$ 为人均城市建设用地面积(单位:m²/人,根据表 5-1、表 5-2 取值)。

表 5-1 城市规划人均城市建设用地标准（m²/人）

| 气候区 | 现状人均城市建设用地 | 规划人均城市建设用地规模取值区间 | 允许调整幅度 规划人口规模 ≤20.0万人 | 允许调整幅度 规划人口规模 20.1~50.0万人 | 允许调整幅度 规划人口规模 >50.0万人 |
|---|---|---|---|---|---|
| Ⅰ、Ⅱ、Ⅵ、Ⅶ | ≤65.0 | 65.0~85.0 | >0.0 | >0.0 | >0.0 |
| | 65.1~75.0 | 65.0~95.0 | +0.1~+20.0 | +0.1~+20.0 | +0.1~+20.0 |
| | 75.1~85.0 | 75.0~105.0 | +0.1~+20.0 | +0.1~+20.0 | +0.1~+15.0 |
| | 85.1~95.0 | 80.0~110.0 | +0.1~+20.0 | −5.0~+20.0 | −5.0~+15.0 |
| | 95.1~105.0 | 90.0~110.0 | −5.0~+15.0 | −10.0~+15.0 | −10.0~+10.0 |
| | 105.1~115.0 | 95.0~115.0 | −10.0~−0.1 | −15.0~−0.1 | −20.0~−0.1 |
| | >115.0 | ≤115.0 | <0.0 | <0.0 | <0.0 |
| Ⅲ、Ⅳ、Ⅴ | ≤65.0 | 65.0~85.0 | >0.0 | >0.0 | >0.0 |
| | 65.1~75.0 | 65.0~95.0 | +0.1~+20.0 | +0.1~+20.0 | +0.1~+20.0 |
| | 75.1~85.0 | 75.0~100.0 | −5.0~+20.0 | −5.0~+20.0 | −5.0~+15.0 |
| | 85.1~95.0 | 80.0~105.0 | −10.0~+15.0 | −10.0~+15.0 | −10.0~+10.0 |
| | 95.1~105.0 | 85.0~105.0 | −15.0~+10.0 | −15.0~+10.0 | −15.0~+5.0 |
| | 105.1~115.0 | 90.0~110.0 | −20.0~−0.1 | −20.0~−0.1 | −25.0~−5.1 |
| | >115.0 | ≤115.0 | <0.0 | <0.0 | <0.0 |

注：①来源：《城市用地分类与规划建设用地标准》；②气候区根据《建筑气候区划标准（GB 50178-93）》规定，余同。

表 5-2 首都及新建城市规划人均城市建设用地标准（m²/人）

| 城市类型 | 人均建设用地标准 |
|---|---|
| 首都 | 105.1~115.0 |
| 新建城市 | 85.0~105.0 |
| 特殊城市（包括边远地区、少数民族地区城市、山地城市、人口较少的工矿城市、风景旅游城市等如不符合表 5-1，须专门论证） | ≤150.0 |

### 5.1.1.2 人均居住用地指标求算法

《城市用地分类与规划建设用地标准》(GB 50137-2011)中提出规划的居住用地占建设用地的比例（25%~40%）及人均居住用地（Residential Land Per Capita, RLPC）标准（18~28 m²/人）是限制人口容量的两个硬性指标，但不同性质的城市、不同的居住高度（中高层或中低层）等对人口容量有一定影响。因此，适度人口容量在规定范围内就有一定的浮动空间，视具体城市而定。可按如下公式计算：

$$P_{RDLPC} = 100 \times A_{UDL} \times r_m / S_{RLPC} \tag{5-7}$$

式中：$P_{RDLPC}$为人均城市建设用地约束的适度人口容量，$A_{UDL}$为城市建设用地面积，$r_m$为居住用地占建设用地的比例，$S_{RLPC}$为人均居住用地面积（单位：m²/人，根据表 5-3 取值）。

表 5-3 人均居住用地面积（m²/人）

| 建筑气候区划 | Ⅰ、Ⅱ、Ⅵ、Ⅶ气候区 | Ⅲ、Ⅳ、Ⅴ气候区 |
|---|---|---|
| 人均居住用地面积 | 28.0~38.0 | 23.0~36.0 |

居住用地约束的最大人口容量可根据气候区类型计算如下：

$$P_{RDLPC,max} = 100 \times A_{UDL} \times 40\% / 23 \tag{5-8}$$

## 5.1.2 水资源承载力匹配的城市适度人口容量

在全世界 153 个有水统计的国家里,中国人均水资源量从高到低排在世界第 121 位,也是联合国认定的 13 个缺水国家之一。同时随着城市规模的不断扩大,工业化进程的不断推进,水资源缺乏及水质污染问题日益突出。由此造成的水危机已经成为经济发展的重要制约因素。近年来全国性的水利调查显示,截至 2010 年,中国 667 个建制市中(包括地级城市和县级市),420 多个城市缺水,中国 60% 的城市都面临着水资源缺乏的问题。大概有 46% 的城市是资源性缺水,8% 城市是水质性缺水,26% 的城市是工程性缺水(央视网)。随着我国经济社会的快速发展和城市化的推进及城市人口规模的增大,城市水资源短缺加剧和环境恶化,资源、环境、人口、发展之间的矛盾日益尖锐,水资源对城市规模的限制有多大,如何处理和协调它们之间的关系,成为当前许多城市可持续发展中的一个重点和热点问题。

### 5.1.2.1 城市水资源承载力的概念与内涵

(1)城市水资源承载力的概念

"水资源承载能力(carrying capacity of water resources)"的概念,与其他承载能力一样,源于生态学中的"承载能力(carrying capacity)"一词,是自然资源承载能力的一部分。在众多资源承载能力问题的研究中,水资源承载能力是较为复杂的一种。但到目前为止,国际上还没有对水资源承载能力的统一定义,也很少有专门以水资源承载能力为专题的研究报道,只是将其纳入可持续发展的研究中。国内对于水资源承载能力概念的论述很多,但也没有见到统一公认的界定,然而总的趋势是一个逐步完善的过程。20 世纪 90 年代以来,关于水资源承载能力的研究方兴未艾,各种观点、概念、方法如雨后春笋般不断涌现,但迄今为止仍然没有形成一个系统的、科学的理论体系。其中较有代表性的有以下研究结果。

施雅风等(1992)认为,水资源承载能力是指某一地区的水资源,在一定社会历史和科学技术发展阶段,在不破坏社会和生态系统时,最大可承载(容纳)的农业、工业、城市规模和人口的能力,是一个随着社会、经济、科学技术发展而变化的综合目标。

许有鹏(1993)认为,水资源是指在一定的技术经济水平和社会生产条件下,水资源可最大供给工农业生产、人民生活和生态环境保护等用水的能力,也即水资源的最大开发容量。

蔡安乐(1994)认为,水资源是指在未来不同尺度上,以预期的技术、经济和社会发展水平及与此相适应的物质生活水准为依据,一个国家或地区利用其自身的水资源所能满足其工农业生产及城镇发展需要和能够持续稳定供养的人口数量。

冯尚友等(1997)认为,水资源是指在一定区域、一定物质生活水平条件下,水资源能够持续供给当代人和后代人需要的规模和能力。

在某一具体的历史发展阶段下,以可预见的技术、经济和社会发展水平为依据,以可持续发展为原则,以维护生态环境良性发展为前提,在水资源合理配置和高效利用的条件下,区域社会经济发展的最大人口容量(许新宜等,1997)。

贾嵘等(1998)从"能力"的角度定义水资源承载能力,即"在一个地区或流域的范围内,在具体的发展阶段和发展模式下,当地水资源对该地区经济发展和维护良好的生态环境的最大支撑能力"。

在《西北地区水资源合理配置与承载能力研究技术大纲》中提出水资源承载能力是"在某

一具体的历史发展阶段下,以可以预见的技术、经济和社会发展水平为依据,以可持续发展为原则,以维护生态环境良性发展为条件,经过合理的优化配置,水资源对该地区社会经济发展的最大支撑能力"(王浩,1998)。

在某一历史发展阶段的技术、经济和社会发展水平条件下,水资源对该地区社会经济发展的最大支撑能力(刘燕华,2000)。

某一历史发展阶段,以可预见的技术、经济和社会发展水平为依据,以可持续发展为原则,以维护生态良性循环发展为条件,在水资源得到合理开发利用下,该地区人口增长与经济发展的最大容量(李令跃等,2000)。

一个流域、一个地区、一个国家,在不同阶段的社会经济和技术条件下,在水资源合理开发利用的前提下,当地水资源能够维系和支撑的人口、经济和环境规模总量(何希吾,2000)。

在一定流域或区域内,其自身的水资源能够持续支撑经济社会发展规模,并维系良好的生态系统的能力(汪恕诚,2001)。

某一区域的水资源条件在自然—人工二元模式影响下,以可预见的技术、经济、社会发展水平及水资源的动态变化为依据,以可持续发展为原则,以维护生态良性循环发展为条件,经过合理优化配置,对该地区社会经济发展所能提供的最大支撑能力(惠泱河等,2001)。

某一区域在特定历史阶段的特定技术和社会经济发展水平条件下,以维护生态良性循环和可持续发展为前提,当地水资源系统可支撑的社会经济活动规模和具有一定生活水平的人口数量(朱一中等,2002)。

在一定的水资源开发利用阶段,满足生态需水的可利用水量能够维系有限发展目标的最大的社会—经济规模(夏军等,2002)。

在一定社会技术经济阶段,在水资源总量的基础上,通过合理分配和有效利用所获得的最合理的社会、经济与环境协调发展的水资源开发利用的最大规模或在一定经济技术水平和社会生产条件下,水资源可供给工农业生产、人民生活和生态环境保护等用水的最大能力,也即水资源的最大开发容量(张丽等,2003)。

在可持续发展原则下,在一定的区域范围内,在一定的水资源开发利用阶段,满足生态需水的可利用水量能够维系有限发展目标的最大的社会—经济规模(雷学东等,2004)。

在一定区域内,在某一具体发展阶段下,以可预见的技术和社会经济发展水平为依据,以可持续发展为原则,经过合理优化配置,水资源支持社会经济和生态环境发展的能力(方国华等,2006)。

国家"九五"科技攻关项目"西北地区水资源合理配置与承载能力研究"将水资源承载能力定义为,"在某一具体历史发展阶段下,以可预见的技术、经济和社会发展水平为依据,以可持续发展为原则,以维护生态环境良性循环发展为条件,经过合理的优化配置,水资源对该地区社会经济发展的最大支撑能力"(王浩等,2003)。

在某一历史发展阶段,以可预见的技术、经济和社会发展水平为依据,以可持续发展为原则,以维护生态环境良性循环发展为条件,在水资源得到合理开发利用下,某地区的水资源持续支持人类社会发展规模(即一定生活质量的人口数量)的最大支撑能力(田小娟,2006)。

在一定的时期和技术水平下,当水管理和社会经济达到优化时,区域水生态系统自身所能承载的最大可持续人均综合效用水平或最大可持续发展水平(耿福明,2007)。

区域(地区)水资源在某一具体的历史发展阶段下,以可预见的技术、经济和社会发展水平为依据,以可持续发展为原则,在满足生态用水的前提下,经过合理的优化配置,可以支撑的最大的、协调发展的社会经济、环境与人口的规模(刘树锋等,2007)。

从社会经济学与环境学相结合的角度来界定水资源承载力的内涵,即水资源承载力是社会经济系统和环境系统综合作用的产物,它是在确定的社会经济状况下,环境系统中水资源对社会经济系统的最大可供给量(王莉芳等,2007)。

在一定时期内、一定经济技术条件下,以流域社会—经济—生态相互协调可持续发展为目标,流域水资源系统能够支撑的最大人口数量及社会经济规模(冯发林,2007)。

在一定经济技术水平和社会生产条件下,水资源可最大供给工农业生产、人民生活和生态环境保护等用水的能力(袁伟等,2008)。

某一区域在某一具体的历史发展阶段下,以可预见的技术、经济和社会发展水平为依据,以维持生态良性循环和可持续发展为前提,经过合理的优化配置,水资源对该地区社会经济发展的最大支撑能力(陈南祥等,2008)。

综合上述学者的定义,水资源承载力是在一定历史时期和社会背景下,以可持续发展为原则,在维护生态环境良性循环发展的条件下,当水资源管理得到最大程度的优化时,一个地区的水资源所能承载的具有一定生活质量的人口规模和社会经济发展规模。

城市水资源承载力是将水资源承载力限定于具体的城市区域,因此,可将城市水资源承载力定义如下:在一定的历史阶段下,在某一具体的城市区域,以可预见的技术、经济和社会发展水平为依据,以可持续发展为原则,以维护生态环境良性循环发展为条件,经过合理优化配置,水资源对该城市社会经济发展的最大支撑能力。

(2) 水资源承载力的内涵

① 生态内涵

水资源承载能力的生态内涵具有两层涵义:第一,水资源所承载的综合效用具有生态上的极限,水资源的开发利用应以不超过这种极限为前提;第二,由于水资源承载能力具有极限涵义,所以当达到水资源承载能力时,也必然意味着这一生态极限得到充分的利用。而且,水资源承载能力的生态极限还应当建立在水生态系统的整体性上。

② 时空内涵

从时间角度讲,"水资源承载能力"具有时间属性。在不同的时期,社会经济发展水平不同,科技水平不同,开发利用水资源的能力不同,水资源利用率不同,对污水的处理能力不同,用水定额不同,人均对水资源的需求不同,从而单位水资源量的承载能力也不同。

从空间角度讲,不同区域的水资源量、水资源可利用量、社会发展水平、产业结构、经济基础、生态环境问题、其他资源潜力等方面存在差异,水资源承载能力可能不同。

③ 社会经济内涵

水资源承载能力的社会经济内涵主要表现在三个方面:第一,水资源承载力是以"可预见的经济技术发展水平"为依据,这里可预见的经济技术水平主要包括水资源的投资水平、开发利用和管理水平;第二,水资源承载能力是"经过合理的水资源优化配置"而得到的,而水资源优化配置是一种社会经济活动行为;第三,水资源承载能力的最终表现之一为区域社会经济发展规模,体现了水资源承载能力的社会经济内涵。

④ 可持续内涵

可持续内涵主要体现在两个方面:第一,水资源承载能力以可持续发展为研究原则,包含了水资源应能满足社会经济和生态环境的可持续发展;第二,水资源承载能力的增强是可持续的,即随着社会的持续发展,水资源承载能力的增强总是持续的。

(3) 水资源承载力的特性

水资源承载力受许多因素的影响,除了水资源系统本身的特性如自然环境、水资源量等外,还包括水资源客体对水资源承载能力的反作用因素,即生产力水平、社会经济结构、生态环境状态及人类的活动能力和意识形态,如科技进步、水资源利用效率、管理体制和法制建设等众多因素。同时,水资源承载能力主客体的相互作用也将是影响水资源承载能力的重要因素,主要包括水资源与经济社会发展的匹配程度,水资源系统的供水保证程度,水资源开发利用程度,用水分配比例等水资源系统、社会经济系统和生态环境系统之间的复杂相互作用关系。

水资源承载能力受水资源自身的特点和人类社会经济的影响,具有自然和社会的双重属性,具有如下特点。

①有限性。对于特定地区,在确定时段水资源承载力的有限性是指在某一具体的历史发展阶段,水资源承载力具有有界的特性,即存在最大承载上限,其原因主要是自然条件和社会因素的约束,具体包括区域水资源条件、社会经济技术水平和生态环境的约束。

②动态性。动态性是指水资源承载力与具体的历史发展阶段有直接的联系,不同的发展阶段有不同的承载能力。水资源承载力是一个动态的概念,这是因为水资源承载力的主体和客体都是动态的,即水资源系统和社会经济系统都是动态的,具体体现在水资源本身随着全球变化而变化。同时,人对水资源的能动性在不断变化,人类社会为适应区域水资源形势也在不断调整社会结构。

③多目标性。水资源承载能力的多目标性体现在水资源承载对象的多样性上,水资源承载对象既包括经济社会系统,又包括生态环境系统,而每个系统又是由不同对象所组成。

④可增强性。随着人类社会科学技术的不断进步,人类不断拓宽水资源质和量的范围,提高水资源的利用效率,从而增加水资源承载能力。其直接驱动力是人类社会对水资源需求的增加,在这种驱动力的驱使下,人们一方面拓宽水资源利用量的外延,如地下水的开采、雨水集流、污水处理回用等;另一方面利用水资源使内涵不断添加和丰富,增强水资源承载力,如提高水资源利用效率及用水结构的调整和水资源的重复利用等。

(4) 城市水资源循环系统的特点及人类社会对水循环系统的影响

在城市,高强度人类活动,如大量建筑物的修建、不透水层面积增大、生产生活用水量增多、地下水过度超采等已经明显改变了城市化地区降水蒸发、入渗、产流、汇流等自然水循环的特性,形成了自然—人工水循环过程。在这一水循环过程中,自然水循环以能量为驱动因子,人工水循环则以经济为驱动因子,通过实现效益最大化来决定取水、分水、用水、排水等水循环过程。

城市的人类活动对"社会—经济—水资源—生态与环境"复合系统的影响表现在:一方面伴随农村人口向城市聚集,地区产业结构不断升级,农业用地减少,城镇建设用地增加,人类生产生活需水量和污水排放量明显增加,水资源和水环境问题凸现,人与生态环境的矛盾日益加剧;另一方面,随着人们对生态与环境意识的增强,为了保护和进一步开发有限的水资源,水利建设和水环境修复投资将有所加强,人类活动对水循环系统和生态与环境系统的影响逐步升级。在城市化进程中,人类活动与"社会—经济—水资源—生态与环境"这个复合系统中各要素系统相互影响、相互制约。

（5）城市水资源承载力的主要特性

城市水资源承载力的主要特性有以下几点。

①有限性。在某一特定的时间内，水资源承载力受到当地可利用水资源量生态与环境经济发展状况和科技水平等多方面的限制。

②动态性。水资源承载力的动态性表现为：在社会水循环过程中受到经济杠杆的作用，水资源始终向用水效率较高的行业流动，产业结构调整，经济实力显著增强。此外，随着社会生产力的提高和科学技术的进步，各个行业节水能力也逐步增强，单位产值用水量也将越来越低，水资源承载力也随之提高。

③多目标性。水资源承载力的研究对象涉及生态环境、社会经济等各个方面，水资源承载力的研究目标是为了达到"社会—经济—水资源—生态与环境"的和谐发展，因此，水资源承载力的研究必须兼顾各子系统可承载和整个系统可持续发展两大目标，是一个复杂的多目标综合分析过程（夏军等，2006）。

#### 5.1.2.2 城市水资源承载力计算模型与方法

目前，关于城市水资源承载力的研究主要有模糊综合评价法、综合指标估算法、主成分分析法、系统动力学法、多目标决策分析法、投影寻踪评价法、物元分析法、密切值法、人工神经网络法、背景分析法、简单定额估算法、常规趋势法、动态模拟递推法等(表5-4)。

表5-4  水资源承载力测度方法及比较

| 方法 | 原理 | 优点 | 缺点 |
|---|---|---|---|
| 模糊综合评价法 | 在对影响水资源承载能力各个因素进行单因素评价的基础上，确定评语集合和权重，通过综合评判矩阵对其承载力做出多因素综合评价 | 对主观产生的离散过程进行了综合处理，可以较全面地分析水资源承载力状况 | 剔小取大的运算会遗失大量的有用信息，模型的信息利用率低 |
| 综合指标估算法 | 采用统计方法，选择单项和多项指标来反映城市水资源现状和阈值 | 操作上直观、简便，可以综合反映区域水资源承载能力状况 | 指标的选取受主观因素影响较大，而且其精度和深度不够具体和细致 |
| 主成分分析法 | 通过降维处理技术，把影响水资源承载力的多个变量转化为少数几个综合指标来反映水资源承载能力 | 克服了模糊综合评价法的缺陷，同时客观确定各个指标的权重，避免主观随意性，解决了不同量纲的指标之间可综合性问题 | 评价参数的分级标准难以选定，对主成分难以取舍，而且主成分是多维目标的单指标复合形式，其物理意义不明确，难以在经济活动中选择合适的控制点 |
| 系统动力学法 | 通过建立DYNAMO模型并借助计算机仿真，能定量地研究高阶次、非线性、多重反馈和复杂时变系统 | 具有系统发展的观点，分析速度快、模型构造简单，可以使用非线性方程。在水资源承载力分析中，可将经济资源环境纳入复杂巨系统，从系统整体协调的角度来对区域资源承载力进行动态计算，一定程度上体现了"以可持续发展为原则"的思想，在国内得到广泛的应用 | 对长期发展情况进行模拟，由于参变量不好掌握，非线性方程参数微小扰动可能造成长期分析结果的荒谬，易导致不合理的结论，因而系统动力学法大多应用在对中短期发展情况的模拟 |

续表

| 方法 | 原理 | 优点 | 缺点 |
| --- | --- | --- | --- |
| 多目标决策分析法 | 在选取反映水资源承载力多目标的基础上，列出影响水资源系统的主要约束条件，运用系统分析和动态分析手段寻求多个目标的整体最优 | 将研究区域作为整体系统来研究，通过数学规划的方法达到系统在一定背景条件下的最佳状态，不追求单个目标的优化，只追求整体的最优，一定程度上体现了"可持续发展"的思想 | 求解技术困难，如计算机速度、求解容量、解题程序和方法，模型的构造与求解的有效性等问题；仅限于较小的模型规模，不能更全面地考虑系统的影响因素 |
| 投影寻踪评价法 | 将高维数据向低维空间数据进行投影，通过低维数据的散布结构来研究高维数据特征 | 直观、可操作性强、分辨率高、赋权客观、人为干扰小，结果稳定 | 最优投影方向的选择问题是模型构建中的难题 |
| 物元分析法 | 基于可拓集合理论，将待评事物的评价标准、评价指标及其特征值作为物元，并对评价标准和实测数据进行归一化处理，得到模型的经典域、节域、权系数和关联度，从而建立评价模型对水资源承载力进行评价 | 不是单纯考虑数量关系的迭代，而是采用最大限度满足主系统、主条件，其他系统则采取系统物元变换、结构变换等方法，化不相容问题为相容问题，使问题得到合理解决 | 目前应用较少 |
| 密切值法 | 将所有决策方案指标值进行规范化处理后，找出方案集的最优点和最劣点，再计算出各方案与最优点、最劣点的距离，即密切值，来排列各决策方案的优劣次序，从而将多指标转化成一个从总体上衡量其优劣的单一综合值进行评价 | 目的明确，逻辑严谨，计算方便，能够提供准确的优劣次序 | 只能对评价对象（水资源）进行定量比较，无法通过客观的分类依据 |
| 人工神经网络法 | 将水资源承载力评价指标及其对应的级别作为训练样本，输入神经网络反复学习，归纳出评价指标与评价等级之间非线性关系，用训练好的网络模型对水资源承载力进行评价 | 具有自适应、容错性等优点，能有效地解决水资源系统中的非线性问题，计算结果更客观 | 模型建立相对于现有的评价模型复杂，收敛速度慢，而且受到局部极点困扰 |
| 背景分析法 | 对一定历史时段内自然的和社会的背景相似的研究区域的实际情况做对比，推算对比区域的承载能力 | 只采用一个或几个承载因子分析，因子间相互独立，简单易行 | 多局限静态的历史背景，割裂了资源、社会、环境之间的相互作用，其结果不一定符合实际 |
| 简单定额估算法 | 在计算出城市水资源的可利用量和用水定额（如人均用水量等）的基础上，利用简单的供需平衡，计算出水资源的承载能力 | 比较简单，应用较多 | 仅以估算的用水定额简单地从供水量和需水量供需平衡计算水资源的最大承载能力，不足以全面反映水资源的承载能力 |
| 常规趋势法 | 考虑可利用水量、生态环境用水及国民经济各部门的适用水比例的前提下，在适当考虑建设节水型社会的情况下，计算水资源所承载的工业、农业及人口量等 | 运算简便，内容显示直观。对某些承载因子的潜力估算的研究方法，对复杂巨系统的协调研究仍有借鉴意义（如迈阿密模型和农业生态区域法） | 水系统涉及的社会因子较多，各因子之间的关系复杂，常规趋势法由于较多考虑的是单承载因子的发展趋势，而忽略各承载因子之间的相互联系，很难处理复杂巨系统之间的耦合关系，得出的水资源承载力与实际能力有一定的差距 |

续表

| 方法 | 原理 | 优点 | 缺点 |
|---|---|---|---|
| 动态模拟递推算法 | 通过水资源的动态供需平衡计算来测度水资源承载能力的状况和支持人口与经济发展的最终规模,其实质是将动态模拟和数学分析相结合,利用计算机模拟程序,对地区水资源供需真实系统运动行为进行仿真模拟预测,根据逐年运行的实际结果,有目的地改变模拟参数或结构,使其与真实系统尽可能一致 | 能直观模拟演示水资源承载力发展演变的过程;可根据区域实际情况,通过人工修正模型运行参数,使之更好地逼近区域实际 | 区域水资源受气候变化等因素的影响,具有不确定性和动态性,用水需求也具有动态性,这些因素对动态模拟结果递推算法的精度有一定影响;修正模型参数依赖于专业技术人员的经验。对于经验欠缺的人员来说,具有一定难度 |

这里着重介绍简单定额估算法及多目标决策分析法测算人口容量的方法。

(1) 简单定额估算法

简单定额估算法方法简单易行,在计算出城市水资源的可利用量和用水定额(如人均综合用水量等)的基础上,利用简单的供需平衡,计算出水资源的承载能力。我国城市供水一般采用"以需定供"的做法。而测算城市人口容量是一种"以供定需"的做法,根据城市水资源供给能力及人均综合用水量指标测度城市适度人口容量。该方法直观易行,只要对现状人均用水量指标计算准确,并科学分析城市供水能力的主要影响因素及发展趋势,合理确定规划期的用水指标,城市需水量预测结果准确性较高,在城市日最大总可供给的水资源量已知的情况下,根据现状确定较为适中或较低的人均综合用水标准反推可容纳的适中或最大城市人口量。由于难以排除自备水源(主要指工业自备水源,综合自备水源功能与城市水厂一致,影响稍弱)的情况,预测人口容量一般偏大。

据上述分析,得到城市适中人口容量和最大人口容量的测算公式:

$$P_w = W_{可用} \times 10000/(q_1 \times 365) \tag{5-9}$$

$$P_{w,\max} = W_{可用} \times 10000/(q_2 \times 365) \tag{5-10}$$

式中:$P_w$ 为城市可供水资源量,单位:亿 $m^3$;$q_1$,$q_2$ 分别代表适中人均综合用水量和最低人均综合用水量,单位:万 $m^3$/万人·d。这里的人均综合用水量包括生活用水、公共设施用水、工业用水、农业用水、城市生态用水等。

(2) 多目标决策分析法

1) 概述

多目标决策分析方法是从 20 世纪 70 年代中期发展起来的一种决策分析方法。决策分析是在系统规划、设计和制造等阶段为解决当前或未来可能发生的问题,在若干可选的方案中选择和决定最佳方案的一种分析过程。多目标分析法应用于水资源承载力分析是选取能够反映水资源承载力的社会、经济、人口、生态环境等若干目标,这些目标的主要影响因素相互关联、相互作用、相互制约,而且目标之间又相互依存、相互制约。按照可持续发展的原则,决策时不追求单个目标的优化,而是追求整体目标的最优方案。多目标分析模型及其求解方法的研究为水资源规划决策提供了新的思路和手段,利用多目标分析模型,可以将包含水资源系统在内的自然系统与区域社会经济系统作为一个统一的整体来考虑,在这个综合系统中全面研究水资源开发利用与区域社会、经济、环境发展目标间的动态联系,供水与需水间的动态联系,以及投资与效益间的动态联系等。近年来,随着计算机技术的发展和数学规划的日益完善,分析人员可以将精力更集中在模型建立、方案构成和目标选择上。

多目标分析法采用分解—协调的系统分析思路,将特定地区的水资源—人类社会—经济系统划分成若干个子系统,并采用数学模型对其进行描述,各子系统模型之间通过多目标分析核心模型的协调关联变量相连接,事先确定需要达到的优化目标和约束条件,结合模型模拟和对决策变量在不同水平年份的预测结果,就可解出同时满足多个目标整体最优的发展方案,其所对应的人口或社会经济发展规模即为这一城市或地区的水资源承载力。

水是生命之源,生产之要,生态之基。水资源的重要性及多用途性决定了水资源合理利用的重要性及城市水资源承载力的多目标性。城市水资源承载力的多目标分析是以社会、经济、资源和环境和谐发展为目标,以社会经济发展为驱动因子,通过构建社会经济、水资源、生态与环境互动关系模型来研究城市化对社会经济、水资源、生态与环境的影响,最终得出城市化地区水资源在不破坏生态与环境良性发展的情况下所能支撑社会经济的最大规模即水资源承载能力。

2)水资源承载力多目标决策分析建模

城市水资源承载力涉及城市人口、经济、水资源、水环境等系统,所选取的目标不仅反映水资源对经济、社会、环境等的承载力,而且也能反映整个城市系统中分系统的内在联系和依赖关系。在城市系统中,包含社会子系统、经济子系统、资源子系统与环境子系统等若干子系统,水资源承载力模型一般选取上述子系统中若干关键要素,如居民生活用水、农业用水、工业用水、生态需水、污染负荷量等多个方面的水需求目标来表示水资源对人口、社会经济、生态及环境等的承载能力。

模型目标函数:水资源承载力研究的目标是确定水资源所能支撑的最大社会经济发展规模,经济社会发展的最终目标是可持续发展,可持续发展通过子目标及约束条件来体现,而人口是体现社会持续发展的一个重要指标,因此可将人口定为目标函数表达式如下:

$$UWRCC = \max(P) = f(W_{可用}, W_{总需}, \lambda, \varphi) \tag{5-11}$$

式中:$P$ 为水资源可承载最大人口;$W_{可用}$ 为总可利用水资源量;$W_{总需}$ 为自然经济社会发展总需水量;包括生态需水量,经济需水(包含工业需水、农业需水)及社会需水(居民生活需水、城市市政环境需水);$\lambda$ 为经济社会综合需水水平,经济需水水平可用单位 GDP 需水量来衡量,社会需水主要用人均水消费水平来体现;$\varphi$ 为城市化率。

主要约束条件:

水资源供需平衡方程:

$$W_{可用} = W_{总需} \tag{5-12}$$

水量平衡方程:

$$W_{地表水} + W_{地下水} = (W_P + W_{入境} + W_{调入}) - (W_{出境} + W_{总需} + W_E) \tag{5-13}$$

式中:$W_{地表水}$ 为地表水资源总量,$W_{地下水}$ 为地下水资源总量,$W_P$ 为总降水量,$W_{入境}$ 为入境水资源总量,$W_{调入}$ 为流域外(区域外)调入水资源量,$W_{总耗}$ 为总需水量,$W_{出境}$ 为出境水资源量,$W_E$ 为总蒸发量。

可利用水资源方程:

$$W_{可用} = W_{地表可利用} + W_{地下可利用} + W_{调入} + W_{再生} - W_{地表地下重复量} \tag{5-14}$$

水资源量的计算是水资源基础评价中的一项重要工作,也是具有相当难度的工作。水资源量一般包括河川径流量和浅层地下水两部分,分别称为地表水资源量和地下水资源量;前者主要指河川径流的年径流量,一般用扣除地表水和地下水重复计算后的水资源总量来代表当前自然条件下可用水资源量的最大潜力。可利用水资源量的计算应注意洪水径流和内涝水的分布和影响,一般河川径流量不能全部作为可利用水资源量。可利用水资源量是指在可预见的时期内,在遵循可持续发展原则的前提下,统筹考虑生活、生产和生态环境用水的基础上,通过经济合理、技术可行的措施,在流域水资源总量中可供一次性利用的最大水量。由于地表水资源量包括不可以被利用水量和不可能被利用的水量。不可以被利用水量是指不允许利用的水量,以免造成生态环境恶化及被破坏的严重后果,即必须满足的河道内生态环境用水量。不可能被利用水量是指受种种因素和条件的限制,无法被利用的水量。它主要包括:超出工程最大调蓄能力和供水能力的洪水量;在可预见时期内受工程经济技术性影响不可能被利用的水量;在可预见时期内超出最大用水需求的水量等。

式(5-14)中,$W_{地表地下重复量}$表示地表水与地下水两者之间的重复计算量,主要是平原区浅层地下水的渠系渗漏和田间入渗补给量的开采利用部分。可用如下公式计算:

$$W_{地表地下重复量} = \rho(W_{渠渗} + W_{田渗}) \tag{5-15}$$

式中:$\rho$为可开采系数,是地下水资源可开采量与地下水资源量的比值。

$$W_{地表水可利用量} = W_{地表水资源量} - W_{河道生态环境需水量} - W_{洪水弃水} \tag{5-16}$$

河道内生态环境需水量主要有:①维持河道基本功能的需水量(包括防止河道断流、保持水体一定的自净能力、河道冲沙输沙,以及维持河湖水生生物生存的水量等);②通河湖泊湿地需水量(包括湖泊、沼泽地需水);③河口生态环境需水量(包括冲淤保港、防潮压咸及河口生物保护需水等)。河道生态环境需水量是在上述各项河道内生态环境需水量及河道内生产需水量计算的基础上,逐月取外包值并将每月的外包值相加,由此得出多年平均情况下的河道内总需水量。计算公式如下:

$$W_{河道内最小生态环境需水量} = \sum_{j=1}^{12}\sum_{i=1}^{3}\mathrm{Max}(W_{ij}) \tag{5-17}$$

式中:$W_{ij}$表示上述$i$项$j$月河道内需水量($i=1,2,3$,分别表示河道生态环境、通河湖湿地、河口生态环境三种情形;$j=1,\cdots,12$,表示月份)。

在实际计算中,为了使问题简化,姜文超(2004)提出了计算可利用水资源总水量简化公式:

$$W_{可用} = 40\% \times W_{可更新} + W_{调入} + W_{再生} \tag{5-18}$$

总需水量方程:

$$W_{总需} = W_{居民生活} + W_{工业} + W_{农业} + W_{市政设施} \tag{5-19}$$

式中:$W_{总耗}$为总用水量,$W_{居民生活}$为生活用水量,$W_{工业}$为工业用水量,$W_{农业}$为农业用水量,$W_{市政设施}$为城市市政环境用水量,包括除水生生态环境用水量之外的生态环境用水量,如城市公园绿地、林木灌溉用水。

居民生活用水量:

$$W_{居民生活} = q_{城} \times P_{城镇人口} + q_{乡} \times P_{乡村人口} \tag{5-20}$$

式中:$q_{城}$,$q_{乡}$分别为城市、乡村人口人均用水量标准,单位:$m^3/d$;$P_{城镇人口}$,$P_{乡村人口}$分别为城镇总人口、乡村总人口,二者之和等于城市总人口($P_{总人口}$),单位:万人。其中,

$$P_{城镇人口} = P_{总人口} \times \varphi \tag{5-21}$$

式中:$\varphi$ 为城市化率。

工业用水:

$$W_{工业} = q_{工} \times Y_{工业总产值} \tag{5-22}$$

式中:$q_{工}$ 为工业用水定额标准,单位:t/万元;$Y_{工业总产值}$ 为工业生产产值,单位:万元。

农业用水:

$$W_{农业} = q_{农} \times A_{农业灌溉面积} \tag{5-23}$$

式中:$q_{农}$ 为农业灌溉定额标准,单位:$m^3/hm^2$;$Y_{工业总产值}$ 为农业灌溉面积,单位:$hm^2$。

城市市政设施用水:

$$W_{市政设施} = q_{绿地} \times A_{绿地面积} \tag{5-24}$$

式中:$q_{绿地}$ 为绿地灌溉定额标准,单位:$m^3/hm^2$;$A_{绿地面积}$ 为城市绿地面积,单位:$hm^2$。

将式(5-11)~(5-24)联立,则可以求得城市水资源承载力的表达式为:

$$UWRCC = \frac{40\% \times W_{可更新} + W_{调入} + W_{再生水} - W_{工业} - W_{农业} - W_{市政设施}}{\lambda} \tag{5-25}$$

式中:$\lambda$ 为经济社会综合需水水平,可用公式(5-26)计算:

$$\lambda = q_{城} \times \varphi + q_{乡} \times (1-\varphi) \tag{5-26}$$

则城市水资源承载力的表达式为:

$$UWRCC = \max(P_{人口})$$
$$= \frac{40\% \times W_{可更新} + W_{调入} + W_{再生水} - W_{工业} - W_{农业} - W_{市政设施}}{q_{城} \times \varphi + q_{乡} \times (1-\varphi)} \tag{5-27}$$

该模型最大特点在于:①计算模型确定的水资源承载力兼顾了人口、经济、社会及生态等多方面的水资源需求,且易于理解和操作;②对生态环境用水量进行了考虑,在操作上对其加以分离,一部分参与可利用水资源量的计算,一部分参与水资源需求量的计算,并在处理方法上有特点;③将环境保护因素作为经济问题考虑,较好地将多目标优化问题简化为一个单目标计算问题。

本计算方法的关键在于可利用水资源、用水指标、技术经济指标、城市化率等的预测,以及不同类型生态系统相对于农业用水标准的系数的确定。

## 5.1.3 经济条件约束的经济适度人口容量

### 5.1.3.1 经济适度人口概念与内涵

关于经济适度人口的概念,学术界并没有形成统一的认识。坎南把产业最大收益作为适度人口的标准,认为获得产业最大收益时的人口数量就是适度人口。桑德斯(1922)认为,确定适度人口数量的唯一标准是经济标准。索维(1983)认为,经济适度人口是指在最有利的条件下达到最高生活水平的人口,也就是获得最大经济福利的人口。Pitchford(1974)认为应当用最大福利来确定经济适度人口,而他所说的最大福利实际上是最大经济福利。萨缪尔森主张用人均收入作为一个国家或地区的经济适度人口的标准;他认为适度人口或经济适度人口,是指人均收入达到最大值的人口规模(Bizien,1979)。宋圭武(2003)从建设道德农业的角度出发,提出了生态经济适度人口概念,认为从人口变动与经济发展、资源供给、农业生态环境承载力相互之间的制约关系出发,寻求通过最佳方式达到农业生态经济协调发展最优目标的适度人口就是生态经济适度人口。他认为生态经济适度人口与人口学家、经济学家提出的经济适度人口的差别在于:生态经济适度人口是受经济、社会及自然资源与生态环境容纳力限制的人口,它不是简单地把人口与经济联系起来,寻求经济发展的最适度人口状态,而是把自然资源的供给能力和生态环境的承载能力作为确定人口规模的重要指标之一,进而把经济能力、技术进步等各种指标综合起来,共同确定适度人口规模。而且,由于制约经济适度人口的因素是制约生态经济适度人口因素的一个组成部分,生态经济适度人口在数量规模上不可能超过经济适度人口,其最大的可能是等于经济适度人口。

显然,经济学家更加关注经济效益,人口学家更加关注人口福利,生态学家更加关注生态环境。如果把这种单纯从经济学视角出发,把最大经济效益作为衡量标准定义的适度人口,称为狭义的适度人口——经济适度人口;那么以可持续发展为出发点,把经济、社会、人口、资源、环境等兼顾起来定义的经济适度人口可看作广义的适度人口。因此,可对经济适度人口概念作如下界定:从人口变动与经济发展、资源供给、生态环境承载力相互之间的制约关系出发,寻求通过最佳方式达到区域(城市)经济协调发展最优目标的适度人口就是经济适度人口。

#### 5.1.3.2 经济适度人口的理论基础

"人类发展的历史,说到底,是人类同自然环境关系的历史","人口和环境作为自然界中一对既互相对立,又相互协调、共同发展的矛盾统一体,贯穿于社会发展的每一阶段,伴随着社会发展的始终"(曲格平等,1992)。保持适度人口是协调人与自然关系的根本举措,因为不管是人与自然的和谐还是生态环境的稳定,都不过是以人口在数量和质量上与自然环境的承载力保持着适当关系为条件的;所以,当把人与自然的和谐作为一种根本价值目标时,也就必然会在人口的繁衍问题上提出适度要求(宋圭武,2003)。

人口与经济之间的关系是所有人口问题研究中最基本的出发点之一,因此,长期以来备受学者的关注。人口及在人口基础上形成的人力资源是经济社会的第一构成要素,在经济发展中饰演着双重角色。作为生产者,在人口基础上形成的人力资源是经济活动不可缺少的条件之一;作为消费者,人口处于消费主体地位,体现着经济社会活动的终极目的,是人类社会文化生活的承载者。经济社会的许多问题以人口和相应的人力资源为前提,一国人口状况和人力资源的特征构成了经济发展的重要方面。

一定规模的人口既是经济社会发展的前提,又是经济社会发展达到一定水平的表现,因为经济归根结底是靠人来推动的,同时人口规模的大小又反映了经济社会发展所达到的承载水平。

人口规模与经济发展既有正向促进作用,又有反向抑制作用。从世界人口与经济发展的历史进程看,一方面,增长的人口规模带来了就业和生活需求压力,刺激消费需求和投资需求,产生明显的人口"推进力"和"发明拉力",加速了工业化过程和技术进步,促进了经济发展。相反,人口规模的大幅度减小将引起有效需求不足,会制约着经济的发展。另一方面,人口规模过大,会导致城市资源及公共服务设施的许多短缺和不足,会带来一系列资源与环境问题,降低工作效率,进而对经济发展带来消极影响。

对于城市而言,由于规模经济和集聚经济效益的存在,按人均经济指标计算,城市经济效益远远高于乡村,原因之一就是城市人口相对集中、密度大,从而可以高效率地利用社会分工与协作所产生的生产率,更好地利用科学技术的潜力,最大效率地利用各种公共设施。一般情况下,随着城市人口规模的增大,城市的经济效益也会提高。但这并不意味着城市人口规模越大越好,也不是城市人口规模越小越好。适度的人口规模才会成为经济发展的有利因素。而各地由于各自经济发展水平、经济增长模式、人文背景和人口素质状况等的不同,适度人口规模也将会不同。因此,如何确定城市适度人口规模显得尤为重要。

### 5.1.3.3 经济适度人口的测度方法及原理

越来越多的学者趋于一种共识,即在特定地域、特定条件下,一个模糊的经济适度人口界限确实是存在的。但经济适度人口理论涉及的问题异常复杂,在方法论上还有待深化。目前,应用较多的是毛志峰(1995)提出的经济适度人口理论模型法,即 EOP-MM 模型,这是国内较早论述适度人口的定量模型。毛志峰(1995)对经济适度人口、生态适度人口和社会适度人口及其相互之间的关系进行了研究,从国民经济空间大系统的拓扑结构和联系入手,根据物质生产、生活消费和人口与经济结构之间的内在演变规律和发展趋势,建立了劳动力需求预测、人口控制乘数、消费人口控制、城乡转移方程模型,以及人口类型转变、人口年龄结构优化、人口与产业结构发展关联的结构模型,通过对人口的数量、质量、结构和经济发展等多方面的因素建立多边拓扑关联,从而推导出能对经济适度人口进行定量研究的 EOP-MM 模型,并采用该模型对中国 2000 年、2030 年适度人口规模进行了不同方案(五个方案)的预测和比较。此后,陈家华等(2002)和文宇翔(2002)、李丹霞(2008)、徐勤诗等(2010)、何慧(2011)、毛志峰(2011)等应用该模型分别对上海市、陕西省、南宁市、湖南省等区域的经济适度人口进行了实证研究。

此外,吴瑞君等(2003)认为,在当前的市场经济条件下,区域(城市)是开放性的,任何可通过市场交换的稀缺资源、商品,如粮食、矿藏资源等,都可通过市场购买加以补充,不能构成开放型区域的制约因素,应该将就业看成是制约人口容量乃至制约适度人口规模的一个重要因素。因为一个区域的居住人口实际上是由劳动力来供养的。因此,他从就业的角度,根据就业人数和就业率、适度失业人数和失业率、平均抚养系数等建立了狭义的经济适度人口容量的测度方法。

由于适度人口容量的测度一般是面向未来的,EOP-MM 模型对参数准确性的要求较高,构建模型时,需根据历史统计资料采用趋势外推等方法来估计模型所需参数,若外推时间越长,所得参数的可靠性也就越差,因此,利用经济适度人口模型(EOP-MM)来做短期预测是比较有意义的。

下面对 EOP-MM 模型建模的原理及过程进行简要介绍(毛志峰,1995)。

因为人是社会生活中的主体,也是社会经济行为的主体,没有一定的人口就没有社会,没有社会生活,也没有社会生产和经济现象。人要成为生产者是有条件的:一是要受年龄的限制,人不是一生下来就能成为生产者,只有经过一定时间的发育成长、接受一定时间的教育和培训,才能成为劳动力。经过一定的时间以后,又随着人的衰老退出生产领域。因此不是全部人口都可能成为生产者,而只是一大部分人口成为生产者。二是人成为劳动力之后,还只是可能意义上的劳动者,而不是现实的劳动者,因为他必须与一定的生产资料相结合,才能成为创造物质财富的现实劳动者,转化为现实的生产力,用现在的话说就是劳动就业。如果不能就业,不仅不能创造财富,还要消耗财富,如果大规模的人口长时期不能就业,还会形成影响社会安定的因素。三是人与生产资料相结合转化为生产力之后,在生产中发挥作用的大小又与不同人口的各种构成及人口的质量有着十分重要的关系,如性别、健康状况、文化程度、技能高低等,这一切在生产中所产生的作用显然是很大的(王秀云等,2012)。所以要构建 EOP-MM 模型,研究人口在生产中的作用就不得不研究人口的这些构成,以及人力资源对生产的影响。因此,人口平衡方程式及人力资源公式成为 EOP-MM 模型的基础。

EOP-MM 模型以人口平衡方程式为基础,其表达式如下所示:

$$P(t) = P_u(t) + P_s^m(t) + P_s^f(t) + P_0(t) \tag{5-28}$$

式中:$P(t)$ 为 $t$ 年的总人口,$P_u(t)$ 为 $t$ 年的未成年人口,$P_s^m(t)$ 为 $t$ 年适龄男性人口,$P_s^f(t)$ 为 $t$ 年适龄女性人口,$P_0(t)$ 为 $t$ 年老龄人口。

人力资源是少年在业人口、老年在业人口、男(女)性适龄在业人口和待业、就业、伤残或做家务的适龄男女人口的综合,则有人力资源公式如下所示:

$$LS(t) = w_1 P_u(t) + w_2 P_s^m(t) + w_3 P_s^f(t) + (1-w_2) P_s^m(t) + (1-w_3) P_s^f(t) + w_4 P_0(t) \tag{5-29}$$

式中:$LS(t)$ 为 $t$ 年的总劳动力,$w_1 P_u(t)$ 为未成年就业人口,$w_4 P_0(t)$ 为老龄在业人口,$w_2 P_s^m(t)$ 和 $w_3 P_s^f(t)$ 分别为适龄已就业的男性和女性人口,$(1-w_2)P_s^m(t)$ 和 $(1-w_3)P_s^f(t)$ 分别为待业、就学、病残或从事家务的适龄男女人口。

如果令 $L(t)$ 为 $t$ 年的经济活动人口,则有:

$$L(t) = w_1 P_u(t) + w_2 P_s^m(t) + w_3 P_s^f(t) + w_4 P_0(t) \tag{5-30}$$

有定义 $NL(t)$ 为 $t$ 年社会所有的潜在人力资源,则有:

$$NL(t) = (1-w_2)P_s^m(t) + (1-w_3)P_s^f(t) \tag{5-31}$$

此外,显然,总人力资源等于经济活动人口与潜在劳动力人口之和,即有:

$$LS(t) = L(t) + NL(t) \tag{5-32}$$

若令 $\varphi$ 为适龄年龄组中非在业人口占总人力资源的比例,则有:

$$LS(t) = L(t) + \varphi LS(t) \tag{5-33}$$

又由于人均 GDP 等于 GDP 总额除以总人口,即有:

$$\text{GDP}_{PC(t)} = \text{GDP}(t)/P(t) \tag{5-34}$$

式中:$t$ 为对应年份,$P(t)$ 为 $t$ 年总人口,$\text{GDP}_{PC(t)}$ 为 $t$ 年人均国内生产总值,$\text{GDP}(t)$ 为 $t$ 年国内生产总值。

由于 GDP 总额等于三次产业产值之和,根据三次产业的劳动力投入和三次产业劳动生产率与 GDP 的关系,可导出恒等式:

$$\frac{\text{GDP}(t)}{P(t)} = \left[\frac{L(t)}{P(t)}\right] \times \sum_{i=1}^{3}\left[\frac{L_i(t)}{L(t)} \times X_i(t)\right] \tag{5-35}$$

式中:$L_i(t)$ 为三次产业的劳动力的投入,$X_i(t)$ 为三次产业劳动生产率变化。

根据公式(5-28)~公式(5-35)的关系,可推导出如下经济适度人口的理论模型:

$$P(t) = P(t_0) \times \frac{y(t_0)}{y(t)} \times \left(\frac{P_u(t)}{P_0(t_0)}\right)^{m_1} \times \left(\frac{P_0(t)}{P_0(t_0)}\right)^{m_2} \times \left(\frac{\text{SHL}(t)}{\text{SHL}(t_0)}\right)^{m_3} \times$$

$$\left(\frac{\theta_1(t)}{\theta_1(t_0)}\right)^{1-\frac{LS}{L}} \times \prod_{i=1}^{3}\left(\frac{X_i(t)}{X_i(t_0)}\right)^{D_i} \tag{5-36}$$

式中:$P(t)$ 为预测期的合理人口规模,$y(t_0)$ 为基期的人均 GDP,$y(t)$ 为预测期的人均 GDP,$P_u(t)$ 为预测期的未成年人口,$P_0(t)$ 为预测期老年人口,$P_0(t_0)$ 表示基期的老年人口,$\text{SHL}(t_0)$ 为基期的劳动适龄人口,$\text{SHL}(t)$ 为预测期的劳动适龄人口,$\theta_1(t_0)$ 与 $\theta_1(t)$ 分别代表基期与预测期的适龄人口中在业人口占人力资源总量的比率,$m_1$、$m_2$ 和 $m_3$ 分别表示未成年、老年、适龄的就业人口占经济活动人口的比率,$D_i$ 表示一、二、三产业占 GDP 的比重,$X_i(t_0)$ 与 $X_i(t)$ 分别表示基期与预测期三次产业的劳动生产率。

由于该模型结果受制于一系列参数,所以模型代入参数的准确性会直接影响模型最后结果的准确性。经济适度人口容量的测度主要是对未来预测年份的测度,而对于预测年份许多模型参数只能够采取间接估计的方式,或者参数本身就是对未来的合理预测,这样代入的参数与真实值之间就会有一定的误差。由于人口的相对稳定性,和人口相关的数据及其参数预测精度相对较高一些,但是由于经济现象的复杂性,经济相关指标及参数预测难度较大,随着外推时间的加长预测精度会急剧降低。因此,该模型不适宜做中长期测度,而且在推算模型参数时应采取极其审慎的态度,尽量做到使参数赋值能够达到"虽不中,亦不远矣"的效果。

## 5.1.4 生态承载力匹配的城市适度人口容量

生态安全是城市安全的基础,生态安全失去保障,城市的其他安全也无从谈起。生态承载力是衡量城市生态环境对人类活动最大承载能力的主要指标,生态承载力的大小直接制约和影响城市规模的大小,关系到城市生态安全和可持续发展,是制定城市规划和城市发展战略的基本依据。对生态承载力的研究主要有以下几种方法:自然植被净第一性生产力测算法、资源与需求的差量法、状态空间法、综合评价法、生态足迹法。

这里,以生态足迹法为例,介绍生态承载力的测度方法及其约束下的适度人口容量。

### 5.1.4.1 生态足迹概念及原理

生态足迹(ecological footprint)指能够持续地向一定人口提供他们所消耗的所有资源和消纳他们所产生的所有废物的土地和水体的总面积(Wackernagel et al.,1997)。这一概念是由加拿大生态经济学家 William Rees(1992)于 1992 年提出,之后和他的学生 Wackernagel M 教授及其他学者对其理论和方法加以完善,发展为生态足迹模型(Rees et al.,1996a,1996b,1998;Wackernagel et al.,1997,1999)。生态足迹法通过计算特定区域内能够持续地向其人口提供他们所消耗的所有资源和消纳他们所产生的废弃物所需要的生物(或生态)生产性面积(biological or ecological productive area)来表征发展造成的生态负荷(即生态足迹需求),用该区域能够提供的生态生产性土地面积表征其生物供给力(biological capacity)或生态供给力(ecological capacity),即生态足迹供给,通过二者的比较来衡量和分析区域经济系统发展的可持续状况(徐中民,2000;徐中民等,2000;张志强等,2000)。这是一种可以将全球关于人口、收入、资源应用和资源有效性汇总为一个简单的、通用的、可进行国家或区域间比较的一种账户工具和便利手段(Wackernagel et al.,1997b)。

生态足迹的计算基于以下基本事实(徐中民等,2000,2001;张志强等,2001;龙爱华等,2004):人类消费的绝大多数资源、能源及其所产生的废弃物的数量可确定;这些资源和废弃物大多能折算成生产这些资源和吸收这些废弃物所需的生态生产面积。生态足迹分析的一个基本假设是:各类土地在空间上互斥。如一块土地被用来修建楼房,就不可能同时用作耕地或其他用地。这种"空间互斥性"的假设使各类生态生产性土地面积具有可累加性。因此,任何已知人口(某个人、一个城市或国家)的生态足迹是生产这些人口所消费的所有资源和吸纳这些人口所产生的所有废弃物所需要的生物生产总面积(包括陆地和水域)。生态足迹将每个人消耗的资源折合成为全球统一的、具有生产力的地域面积,通过计算区域生态足迹总供给与总需求之间的差值——生态赤字或生态盈余,准确地反映不同区域对于全球生态环境现状的贡献。生态足迹既能够反映出个人或地区的资源消耗强度,又能够反映出区域的资源供给能力和资源消耗总量,也揭示了人类持续生存的生态阈值。它通过相同的单位比较人类的需求和自然界的供给,使可持续发展的衡量真正具有区域可比性。评估的结果清楚地表明,在所分析的每一个时空尺度上,人类对生物圈所施加的压力及其量级,取决于人口规模、物质生活水平、技术条件和生态生产力。

### 5.1.4.2 生态足迹计算方法和步骤(杨开忠等,2000)

(1)划分消费项目类型。在生态足迹账户核算中,生物生产面积主要考虑如下 6 种类型:化石燃料土地、可耕地、林地、草场、建筑用地和水域。

①将各类生物资源和能源资源的生产量折算为耕地、草地、林地、建筑用地、化石燃料用地和水域等 6 种生物生产面积类型。其中,生物资源可分为农产品、动物产品、水果和木材等几类;能源消费主要涉及如下几种:煤、焦炭、燃料油、原油、汽油、柴油和电力。

②计算各主要消费项目的年消费总量。计算区域第 $i$ 项年消费总量,计算公式为:

$$消费 = 产出 + 进口 - 出口 \tag{5-37}$$

③计算各主要消费项目的人均消费量($C_i$)。

(2)计算为了生产各种消费项目人均占用的生态生产性土地面积。

利用生产力数据,将各项资源或产品的消费折算为实际生态生产性土地的面积,即实际生态足迹的各项组分。设生产第 $i$ 项消费项目人均占用的实际生态生产性土地面积为 $A_i$(hm²/人),其计算公式如下:

$$A_i = C_i/P_i \tag{5-38}$$

式中:$P_i$ 为相应的生态生产性土地生产第 $i$ 项消费项目的年平均生产力(kg/hm²)。

(3)计算生态足迹。

①汇总生产各种消费项目人均占用的各类生态生产性土地,即生态足迹组分。

②计算等价因子($\gamma$)。6 类生态生产性土地的生态生产力是存在差异的。等价因子又称均衡因子,就是一个使不同类型的生态生产性土地转化为在生态生产力上等价的系数。其计算公式为:

$$某类生态生产性土地的等价因子 = \frac{全球该类生态生产性土地的平均生态生产力}{全球所有各类生态生产性土地的平均生态生产力} \tag{5-39}$$

③计算人均占用的各类生态生产性土地等价量。

④求各类人均生态足迹的总和($ef$):

$$ef = \sum \gamma \times A_i \tag{5-40}$$

⑤计算地区总人口($N$)的总生态足迹($EF$):

其计算公式为:

$$EF = N \times ef \tag{5-41}$$

(4)计算生态足迹供给(又称生态承载力或生态容量,简称 EC)。

①计算各类生态生产性土地的面积。

②计算生产力系数。由于同类生态生产性土地的生产力在不同国家和地区之间是存在差异的,因而各国各地区同类生态生产性土地的实际面积是不能直接进行对比的。生产力系数,又称产量因子,就是一个将各国各地区同类生态生产性土地转化为可比面积的参数,是一个国家或地区某类土地的平均生产力与世界同类平均生产力的比率。例如,加拿大牧地的生产力系数等于 2.04,表明相同面积条件下加拿大的牧地生产力要比世界平均的牧地生产力高出 104%。

③计算各类人均生态容量。其计算公式为:

$$\text{某类人均生态容量} = \text{各类生态生产性土地的面积} \times \text{等价因子} \times \text{生产力系数} \quad (5\text{-}42)$$

④总计各类人均生态容量,求得总的人均生态容量。

(5)生态足迹与生态承载力的比较。

(6)对生态足迹和生态承载力的计算结果进行比较,如果生态足迹大于生态承载力,形成生态赤字,是不利于可持续发展的;如果生态足迹小于生态承载力,则形成生态盈余,这是有利于可持续发展的。

### 5.1.4.3 运用生态足迹计算适度人口容量

用生态承载力代表一个地区所能提供的资源环境条件,生态足迹代表人口的消费水平。在生态承载力内,按照一定人均生态足迹计算的人口可以说是一个区域的生态适度人口,也可以说是一个区域的可持续人口容量,即基于生态足迹的适度人口规模。可以用公式表示为:

$$P = N \times ec/ef \quad (5\text{-}43)$$

式中,$P$ 为生态承载力约束的区域适度人口规模,$N$ 为总人口,$ec$ 为区域人均生态承载力,$ef$ 为人均生态足迹。

### 5.1.4.4 生态足迹计算适度人口容量的评价

优点:生态足迹模型最突出的优点是表达简明,易于理解,操作性强。与传统的可持续发展评价方法相比,它直接建立消费与资源的定量化关系,能有效评价人类活动对环境的影响;此外,该方法考虑了贸易在调节地区环境压力中的作用,通过贸易过程研究污染跨界问题,体现了可持续发展的地域公平性原则。

不足之处有以下几点(王书华等,2000):

(1)生态足迹分析法,准确地说,是一种生态可持续性的分析方法。它强调的是人类发展对环境系统的影响及其可持续性,没有涉及经济、社会、技术方面的可持续性,并不考虑人类对现有消费模式的满意程度,具有生态偏向性。

(2)正如 Wackernagel 所言,生态足迹分析没有把自然系统提供资源、消纳废弃物的功能描述完全,忽视了地下资源和水资源的估算;另外,现有的生态足迹分析中有关污染的生态影响这一点研究甚少。事实上,由于酸雨、工业废水等导致的资源条件的恶化,世界上的生态生产性土地及水域面积是不断缩减的,换一个角度说,现在实际所占有的生态足迹要比计算结果更大。

(3)由于是基于静态的分析,无法反映未来的趋势,不足以监测变化过程。

(4)Wackernagel 等研究得出了"地区越不发达,人们生活水平越低,可持续性越强"的结论,与可持续发展理论所阐述的基本原则不符。如据测算,得出"中国、印度、巴基斯坦是最具可持续性的国家"这一结论。中国与印度都具有庞大的人口基数,3 个国家人民的物质生活水平都不高,经济都处于发展中,人口的增长、生活生产消费水平的提高都会导致这种"可持续性"的缺失;同时,技术进步对资源的配置效率提高等反过来也可能会加强此"可持续性"。

(5) 生态足迹评价的某些方面还需要进一步的发展。如仍需进一步的改进,以更好地满足对于可降解废弃物的处理、持久性毒素长期储存、淡水的提供和减轻集约化土地管理的需要,这可能兼顾长期生物生产力;增加消费和土地利用类型的分辨率;分析新技术的影响;以及根据生态学研究,确定必须留出多少和留出何种生物承载力来保护生物多样性等。

## 5.2 城市适度人口容量多要素决策分析法

### 5.2.1 短板原理法

城市适度人口规模受经济、社会、资源、环境等多要素影响,它们相互作用,相互制约。在分析城市适度人口时,要统筹考虑各要素的限制作用,但各要素对城市人口容量的制约作用是不同的,有的要素限制大一些,有的限制小一些。如干旱区的城市水资源限制可能大一些,山地城市土地空间限制作用可能大一些。根据木桶效应,最终决定城市适度人口容量的是限制作用最大的因素,因此,在综合考虑各要素对城市适度人口容量的约束时,最关键的是找出对其限制最大的瓶颈因素。

短板原理法是基于木桶效应的分析方法,首先,采用单因子匹配法分析城市资源、环境及经济社会各要素约束的城市适度人口容量,在此基础上,结合木桶原理确定城市适度人口容量的"最短板",即单因子匹配法中各要素单独约束的城市适度人口容量中,规模最小的作为最终的城市适度人口容量。

### 5.2.2 可能—满意度规划法(P-S 模型)

可能—满意度法是根据系统目标实现的可能度和满意度分别建立可能度函数与满意度函数,然后利用一定的合并技术综合成可能—满意度,这个可能—满意度便可以作为相对于设计目标而言的系统最优状态的确定依据。由承载力的基本含义可知,承载力大小与资源的可持续利用及人们追求的生活水平有关,因此,某一地区的承载力由自然资源可持续供给的可能度与人们对现实生活水平的满意度共同决定。利用可能—满意度法测算承载力与上述其他方法相比,更贴近承载力的基本含义。

"可能—满意度"(Possibility-Satisfiability,P-S Model)方法是一种多目标决策方法,它针对人们遇到的实际问题,从"需要"和"可能"两个角度来考虑决策方案的取舍(张瀛等,2002)。如果一个事物肯定能够做到的话,则其可能度为最高,记为 $P$,并定为 $P=1$;如果一个事物肯定是做不到的话,则取 $P=0$。0~1 的不同实数就表示达到目标的各种可能程度,记为 $P\in[0,1]$。例如,对于一个城市而言所能承载的人口数量是有限的,如果城市肯定能够承载的最大人口规模为 $r_a$,则其"可能度" $r_a=1$;肯定不能承载的最小人口规模为 $r_b$,则其"可能度" $r_b=0$。$r_a\sim r_b$ 的"可能度"值用线性内插法来求解,如图 5-1 所示,其关系式如下:

$$P(r) = \begin{cases} 1 & r \leqslant r_a \\ \dfrac{r-r_b}{r_a-r_b} & r_a < r_b \\ 0 & r \geqslant r_b \end{cases} \tag{5-44}$$

满意度则带有更多的主观色彩,但也可以仿照可能度进行定义。当对一个事物感到充分满意的时候,取满意度 $S=1$,当完全不满意的时候取 $S=0$。$0\sim1$ 的不同实数就表示达到目标的各种满意程度,记为 $S\in[0,1]$。例如,对一个城市的人口规模 $t$ 的满意程度可以用图 5-2 表示。"可能—满意度"是指一个目标对某个属性具有"可能度"曲线 $P(r)$,对另一个属性具有"满意度"曲线 $S(t)$,而 $r,t$ 同另一个属性 $a$ 满足某个关系式,即限制条件,$f(r,t,a)=0$,那么就可以设法将 $P(r)$ 和 $S(t)$ 合并成一个相对于属性 $a$ 的"可能—满意度"曲线,它定量的描述了"可能—满意"的程度,以 $W$ 表示,$W\in[0,1]$。当 $W=1$ 时,表示目标既肯定能达到又完全令人满意;当 $W=0$ 时,表示目标肯定不实现,或者完全不令人满意,或者目标肯定不能实现又完全不令人满意。对两个因素的合并算法主要有弱合并算法、强合并算法、乘合并算法、好坏搭配算法等。若采用弱合并算法,这种合并方法用数学方法描述如下:

$$\begin{cases} W(a) = \max_{r \text{ 或 } s} \min_{P,S}\{P(r),S(t)\} \\ s.t \quad f(r,t,a) = 0 \\ r \in R, t \in T, a \in A \end{cases} \tag{5-45}$$

式中:$P(r)$ 为"可能度",$S(t)$ 为"满意度",$W(a)$ 为"可能—满意度",$R,T,A$ 分别表示属性 $r,t,a$ 的值的集合。

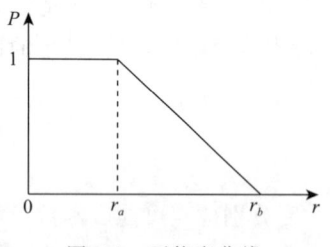

图 5-1　可能度曲线　　　　　图 5-2　满意度曲线

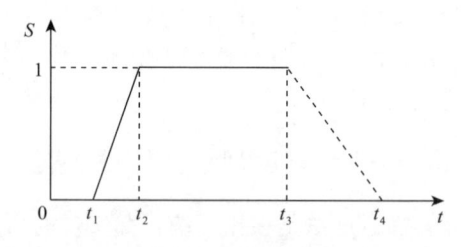

从决定人口承载力的各类因子或资源条件来说,基本都存在着两种属性:一个是各种制约性资源因子的总量在客观上可能达到的程度,即在某一特定时期可能达到的上下限;另一个属性是各类制约性资源因子的人均占有或者人均利用水平,人们对它们存在着不同的期望或满意程度,因而也同样存在上下限。这两个方面的属性结合起来,正好可以反映一个区域或城市的某种资源条件在各种可能-满意度下的人口承载力状况。因为该种方法可以同时考虑若干种制约性资源的承载力并加以对比和整合,这比单纯从某个方面或角度研究某种资源承载力更为全面。因此,采用多目标的可能—满意度方法对分析人口容量,进行多因素、多方案的分析,既是合理的,也是可行的。该方法已经在全国人口规模变动目标、城市规划、环境规划、生产布局与选址等多方面得到应用,均取得较好的效果。同时,可能—满意度方法在城市适度人口容量分析方面也得到应用(张瀛,2002,2003;代富强等,2006;童玉芬等,2011;张子珩等,2009)。

### 5.2.3　双向寻优法(R-S 模型)

双向寻优法是徐琳瑜等(2003)提出的。该方法的基本思路是:兼顾资源环境的承载能力与人们生活的舒适度,在二者之间寻求一个平衡点。"双向"指资源环境所能承载的最大人口容量与考虑舒适度目标的适度人口容量。"双向寻优"就是指一方面从资源的承载力出发,分析当地资源能够承载的最大人口数量;另一方面,从人对"舒适"生活质量的要求出发,寻找一个均衡点以实现资源的优化利用,二者的耦合就得到适度人口的理想解。

根据双向寻优思想,可建立 R-S 双向寻优模型,用 $r$ 表示可用资源量,$r_{max}$ 为最大可用资源量。这里的 $r_{max}$ 考虑了资源的可再生性和替代性,当耗用的资源量大于 $r_{max}$ 时,则该种资源将枯竭。用 $s$ 表示舒适度指标,在不同的舒适度水平下,适度人口数也将不同。如果人口规模 $p$ 对应某一资源量 $r$ 及某一舒适度指标 $s$,满足关系式 $F(p,r,s)=0$,就可以得到相对于 $p$ 的双向寻优函数,它定量地描述了资源承载力与舒适度水平双向优化的程度。

取人均资源量为舒适度指标,则 $F(p,r,s)=0$ 可写成 $r=p \cdot s(r)$。考虑到经济发展水平是生态城市的一个主要评价标准,故取不同经济发展水平下的人口规模作为情景值,运算规则如下:

$$W_p = \max\{|W_p(r_i,s_i)|\} \tag{5-46}$$

限制条件为:

$$\begin{cases} p \cdot S_i \leq r_{i,\max} & (r \in R, s \in S, p \in P, i=1,2,3,\cdots,n) \\ W_p \to \varepsilon & (0 \leq \varepsilon \leq 1) \end{cases} \tag{5-47}$$

其中:

$$W_p(r_i,s_i) = \frac{r_i}{p \cdot s_i} - 1 \tag{5-48}$$

当 $W_p(r_i,s_i)<0$ 时,表示第 $i$ 种资源的现有资源量无法满足该人口规模;当 $W_p(r_i,s_i)=0$ 时,表示达到帕累托最优;当 $W_p(r_i,s_i)>0$,表示第 $i$ 种资源未被充分利用。

式(5-47)中,$\varepsilon$ 表示优化程度的标准值,在运算过程中作为终止条件根据该运算规则可编辑计算机程序进行循环运算,从而得出城市适度人口数。该模型适用于经济发达、城市化水平较高的城市,在该类型城市中,人口数量受城市规划的影响较大,人口数量对环境的影响主要表现在资源的消耗及废弃物的排放,而舒适水平主要取决于人均资源使用量。

该模型计算适度人口数尚存在一定的误差,但是使用该模型能够从经济、资源与环境相协调的角度给适度人口一个定量的计算方法,并结合实际给出适度人口规模的范围或初步估计值,从而为政府制定人口政策提供一个定量化的依据。因此,R-S 模型具有一定的现实意义和应用价值(徐琳瑜等,2003)。

# 第6章
# 西宁市适度人口容量影响因素分析

## 6.1 西宁市概况

### 6.1.1 地理位置与行政区划

西宁市是青海省省会,是全省政治、经济、文化和科技中心。市域现辖城东、城西、城中、城北四区和大通、湟中、湟源三县(图6-1),总面积7649.00 km²,约占全省国土总面积的1.06%;地理

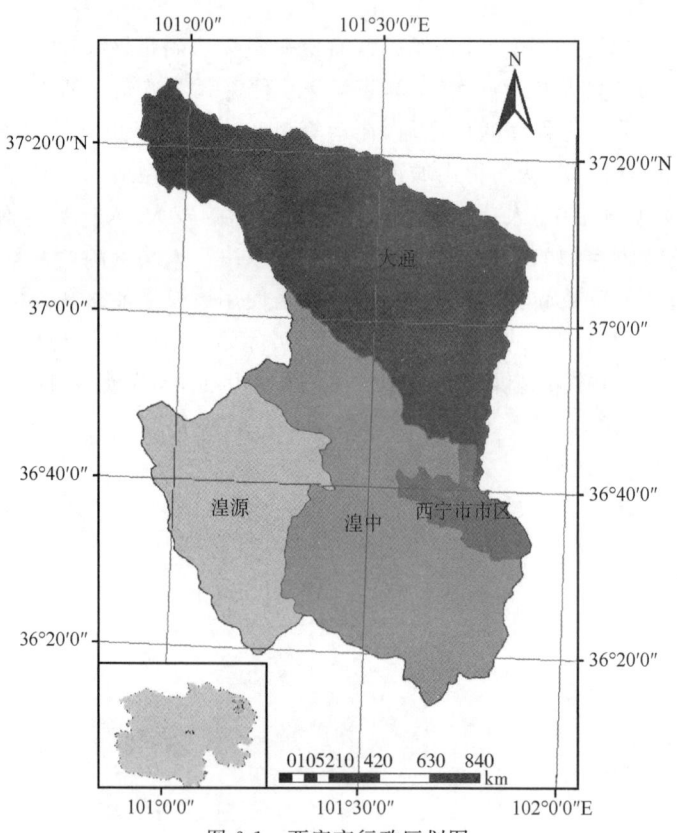

图6-1 西宁市行政区划图

范围介于 100°54′~101°55′E,36°13′~37°25′N,城市中心位于(101°45′E,36°43′N)。平均海拔 2261.2 m。东北和东南分别与海东地区的互助土族自治县和平安县毗邻,北至西北部与海北藏族自治州的门源县及海晏县接壤,南至西南面与海南藏族自治州的共和县及贵德县相连。湟水河自西向东贯穿全市,其间大小支流从北或南汇入其中,形成了河流纵横、山丘起伏的山区地形。全市土地面积 7649.00 km²,占青海省土地面积的 1.06%。2010 年末总人口达(按"第六次人口普查"数据)220 万人,其中,市区常住人口为 119.83 万人。全市有汉族、土族、藏族、回族、撒拉族等 30 多个民族,少数民族约占总人口的四分之一,是一个多民族聚居的现代城市。

## 6.1.2 自然地理概况

西宁市地处青藏高原的东北部、黄土高原的最西端、黄河上游最大支流湟水河流域的中上游。市域地形三面环山,河谷向东延伸,北靠达坂山、西临日月山、南屏拉脊山,构成一个由西北向东南延展、地势西高东低、以西宁盆地为代表性地段的湟水中下游河谷盆地(图 6-2)。整个盆地为典型的黄土地貌景观,厚层黄土不整合于第三纪红色岩系之上。下部为砾石层、黄土状土;上部为典型黄土,厚度近 200 m,淡黄色、固结较好,具大孔隙构造和垂直节理,质地均匀、无层理,富含碳酸钙,并可见数层不明显的古土壤层,其上覆以厚约 15 m 的晚更新世马兰

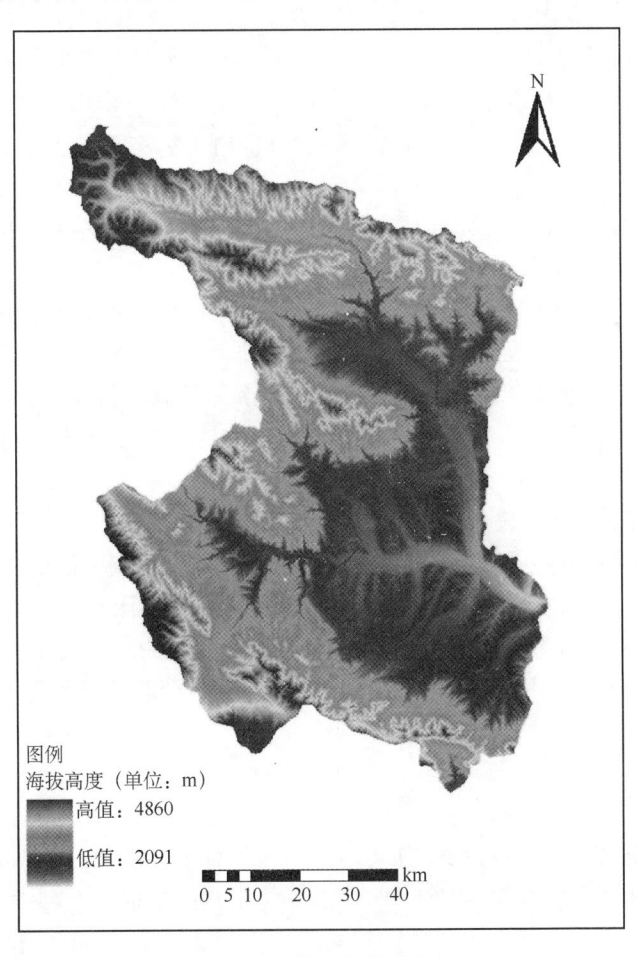

图 6-2 西宁市海拔高程图

黄土,土黄色,无层理,垂直节理发育,固结不好,产陆生蜗牛化石。自盆地边缘到湟水干流两岸分为三个地貌带,即盆地南北两侧边缘地带为宽谷浅沟梁状丘陵;盆地中部近湟水主干流地带为深谷梁峁状低山丘陵;在两带之间为中部深谷峁状低山丘陵。盆地境内最高海拔4620 m,最低海拔2173 m,地形复杂、沟壑纵横、梁峁起伏、河流密布。土地类型以川原地、浅山黄土台塬和梁状丘陵为主。

西宁市属高原大陆性季风气候,其特点是:太阳辐射强,日照时间长,光能丰富;夏季温和短暂,冬季严寒漫长;降水量小且时空差异大,蒸发量及日温差大,无霜期短,冰冻期长;气温垂直变化明显,随着海拔增高而递减。全年日照时数在2560~2830 h,且自东南向西北递增。太阳辐射年总量为6123.7 kJ/m²。多年平均气压约755.1 hPa;多年平均气温为3~6 ℃,年平均最高气温为13.5 ℃,最低气温为−0.3 ℃;极端最高气温为34.5 ℃,极端最低气温为−26.6 ℃。气温日较差大,年较差小;在地域分布上由东向西递增;垂直变化也比较明显,自湟水河谷底部随海拔高度增加而逐步降低,年平均气温相差3~5 ℃。无霜期140~170天。多年平均降水量变化在330~450 mm,年最大降水量为534 m,最小降水量为196 mm。降水季节变化很不均匀,据西宁市气象站降水量统计资料显示,全年降水量主要集中在4—9月,占年平均降水量的90.5%;其中4—6月占31.9%,7—9月占58.6%。而冬半年(10月—次年3月)降水量尚不足年降水量的10%。同时,降水随地形变化也十分明显,一般在海拔2173~2600 m的谷底川水地区,年降水量为250~450 mm;在海拔2500~2600 m的浅山地区,年降水量为200~400 mm;海拔2750~3500 m的脑山地区,年降水量即达到470~600 mm。境内多发生暴雨,是全省暴雨次数发生最多的地区,往往暴雨历时短、强度大;暴雨洪水过程陡涨陡落。气候干燥、蒸发强烈,年蒸发量在1760 mm以上。

西宁市域所处的湟水流域是黄河上游最大的一级支流之一,发源于市域西邻的海晏县达坂山南坡,流经西宁市域及其东邻海东地区的平安、互助、乐都等县,入甘肃省境后再注入黄河,青海省内的流域面积为16120 km²,其中西宁市域内的流域面积为7200 km²,占到湟水省内流域面积的44.7%。由于黄土地貌类型条件所决定,境内沟谷纵横,河网发育,绝大多数河流以降水补给为主,河川径流以降雨径流为主,多年平均径流总量16.6亿 m³,径流深230多毫米,是全省径流高值地区。径流年内分配不均,季节性变化十分明显,一般6—9月径流量约占到全年径流总量的55%~85%。

本区属温带干草原、草原化荒漠地带。平均森林覆盖率在18%左右。土地类型以川原地、浅山黄土台塬和梁状丘陵为主,土壤种类多样,以栗钙土和灰钙土为主,自高海拔至低海拔区土壤类型依次为高山寒漠土、高山草甸土、山地草甸土、灰褐土、黑钙土、栗钙土、灰钙土、沼泽土等;同时亦分布有北方红土、灌淤土、潮土等多种非地带性土壤类型。主要天然森林树种有云杉、桦树、松树、杨树、柳树、榆树等;其他山柳、金露梅、杜鹃等天然灌木和沙棘、柠条、柽柳等水土保持灌木适生树种也比较多。

### 6.1.3 自然资源概况

西宁市域属黄土高原的组成部分,其典型的第四纪黄土地质地貌条件,与作为青藏高原组成部分的全省多数地区存在着明显的差别,从而决定了其矿产资源在种类、数量及分布等方面与全省多数地区明显不同。西宁市的矿产资源以非金属矿产资源为主,诸如石灰石、大理石、硅石、花岗岩、菱镁石、石膏、彩玉等。而金、镍等金属矿产资源和煤炭等能源矿产资源虽然也有一定分布,但相对储量都比较小。因而从总体上来讲,境内矿产资源种类较少、储量不大,难以构成相对优势资源。

据土地资源调查及变更资料显示,2010年末,西宁市总土地面积为76.49万 hm², 人均土地面积为5.19亩*,其中耕地面积为15.05万 hm², 占总土地面积的19.67%, 人均占有耕地1.02亩;林业用地为29.87万 hm², 占总土地面积的39.05%, 人均占有林地2.03亩;可利用草原面积为21.46万 hm², 占总土地面积的28.05%, 人均占有可利用草原面积1.46亩;城镇村工矿建设用地为3.45万 hm², 占总土地面积的4.51%, 人均占有城镇村工矿建设用地0.24亩;其他用地为6.46万 hm², 占总土地面积的8.45%。尽管在1999年底将海东地区的湟中县和湟源县划归西宁市管辖范围,但目前西宁市域的总土地面积仍然在全省八个州地市中最小,即以占全省1.06%的土地面积,集中了全省36.28%的人口。

境内水资源总量12.52亿 m³, 其中,地表水资源总量约为11.39亿 m³, 只占全省地表水资源总量(622亿 m³)的1.83%, 人均占有地表水资源513.72 m³, 耕地亩均占有约770.32 m³。相对于全省其他州地市而言,由于人口集中、密度大,而土地面积狭小,因此,人均占有的地表水资源量远远低于全省平均水平。同时由于湟水干流无建库条件,支流虽可建库,但调节水量有限,从而使地表水资源的有效开发利用受到限制。区内地下水资源主要分布在湟水广大干支流谷地的川水地区,由于谷地宽展、含水层深厚、浅层地下水(潜水)比较丰富,且矿化度低、水质良好,以重碳酸盐型淡水为主,不但可作为城镇用水和工矿用水的中小型供水水源,而且必要时亦可作为农田灌溉用水的补充水源。然而在总量上,区内地下水资源虽也有约10亿 m³ 的储量,但基本上全为与地表水资源的重复量,并未在总量上增加区内的水资源总量。因此,西宁市域总体上属于水资源比较贫乏的地区。

历史上西宁市域曾具有比较丰富的森林资源,由于长时期的滥砍滥伐,森林资源面积急剧减少。到2010年底,全市林业用地面积为20.27万 hm², 主要集中在高山和中高山区,而低山、川水地区则分布极少。境内平均森林覆盖率为26.51%, 但地域分布极不平衡。其中市区森林面积为5463 hm², 森林覆盖率仅约10.7%, 大通、湟中、湟源三县森林覆盖率分别达到38%、33%、25%。森林树种以杨、柳、榆、松、桦、云杉等为主,其他野生植物资源160余种。全市草原面积为21.46万 hm², 占到总土地面积的28.05%。草场类型以山地草原、山地草甸、高寒草甸、灌丛草甸和疏林类为主,成为全市重要的自然资源之一。

## 6.1.4 生态环境概况

作为黄土高原重要组成部分,地处黄河上游的西宁市域,发育着典型的黄土地貌景观,黄土广布、地形复杂、沟谷纵横、梁峁起伏、干旱缺水、植被稀疏、水土流失严重、自然灾害频繁,生态环境基础条件较差,生态系统十分脆弱。为了从根本上改变这一地区的生态环境状况,从20世纪50年代黄土高原地区以水土保持为中心的综合考察研究,到改革开放后80年代以国土开发整治为中心的综合治理,以及三北防护林体系的实施建设等,伴随着整个黄土高原地区综合治理建设的步伐,西宁市域生态环境建设也取得了很大的成就。然而,终因长期以来生产力水平低下、生产方式原始而粗放、社会经济发展落后,同时伴随人口数量的增加、开发强度的加大,生态环境的压力越来越大。加之长期计划经济体制下的封闭式生产开发,迫使疲于温饱的人们不得不固守

---

\* 1亩≈666.67 m², 下同。

本土,掠夺式开发,不合理地利用土地资源,以"粮"为纲,广种薄收,大量开垦荒地,乱砍滥伐,肆意索取所需,使本已脆弱的生态环境屡屡惨遭破坏,破坏大于治理,形成恶性循环。

在当前实施西部大开发战略、加强基础设施和城镇建设、实施山川秀美工程建设的历史条件下,西宁市域的生态环境依然面临着严峻的问题与挑战,其主要问题表现在以下几个方面。

(1) 自然灾害频繁

西宁市域脆弱的生态环境条件加之长期不合理开发利用所造成的人为破坏,使之成为各种自然灾害的多发地区。自然灾害主要为干旱、洪涝、冰雹等,其发生频率高、强度大、危害严重。据有关统计资料显示,近几十年来,自然灾害几乎每年都有发生,所造成的损失越来越严重。譬如1997年8月4日至8月5日晨,西宁地区降水量达84 mm,降水量和降水强度均达到历史最高值,湟水河洪水流量达到850 m³/s,引发大范围山洪、泥石流、滑坡等灾害。城镇设施遭到严重破坏,市区2000余户住宅和800余家单位受淹,损坏主要道路9条,路面淤积泥石流4万多 m³,排水管道普遍淤积。兰青铁路8处地段遭到水毁,西宁客运站调度枢纽线路多处被淹没,道岔失灵,停运7个多小时,电力、供水、通讯中断,造成严重的经济损失。

(2) 水土流失严重

西宁市域是全省水土流失最严重的地区之一,水土流失面积约为5832 km²,占到全市土地总面积的76%。其中市区水土流失面积约为150 km²,占市区总土地面积的39%。全市平均土壤侵蚀模数约为2300 t/(km²·a),使湟水河含沙量达7~75 kg/m³,多年平均输沙量达58万t。近年来湟水河水量减少,甚至断流的现象越来越突出。严重的水土流失不仅带走地表肥沃的土壤,使农业生产减产;对工业生产及城镇发展也造成严重影响,而且原本十分脆弱的生态环境变得更加脆弱。

(3) 城镇环境污染日趋严重

城镇是人口和第二、三产业活动的高度集中地,是人类开发利用自然资源与环境的高强度区。随着现代城市化和工业化进程的加快,人们在加强城镇建设、发展城镇经济的同时,也对城镇生态环境造成了不同程度的破坏。西宁市域作为青海省境内开发历史较早、人口密集、工业集中、城市化水平较高的地区,在长期的城镇建设过程中,同样使城镇环境受到了严重的污染与破坏,而且大有日益加剧之势。尤其是工业"三废"的大量超标排放和居民生活垃圾的随意堆放等,致使城镇部分土壤、水体和空气遭到不同程度的污染,给城镇生产与生活造成了严重的影响。据水质监测部门的监测调查资料显示,横贯市域的湟水干流受严重的污染,河水中的有害物质含量超标1~14倍,使城镇农业灌溉水源及地下水都有不同程度的污染,主要污染物有氨氮、挥发酚、汞、$BOD_5$等。2011年湟水河西宁段11个监测断面的氨氮含量为3.41~17.19 mg/L,均值为7.11 mg/L,均超标;总硬度含量为23~71 mg/L,均值为47.36mg/L,10个监测断面超标;电导率为$0.38\times10^3$~$0.95\times10^3$ $\mu$S/cm,7个监测断面不合格。河流水污染不仅给工农业生产及城镇居民生活带来严重影响,也对下游居民的身心健康带来危害,使整个湟水流域成为全省水污染最严重的地区之一。此外,城镇废气、烟尘、工业粉尘、生活垃圾等污染危害也日益严重,成为城镇建设与发展的严重障碍。

## 6.1.5 社会经济概况

截至2011年底,西宁市总人口为220.80万。西宁市是多民族聚居地区,主要有汉族、回族、藏族、土族等民族。2011年西宁市少数民族人口占总人口的26%;其中回族占总人口的16.26%;其他民族人口数量较少。

2011年西宁市国内生产总值为770.70亿元,人均国内生产总值为34 743元。第一产业总产值为27.41亿元;第二产业总产值为411.28亿元,其中工业产值为356.28亿元,建筑业产值为55亿元;第三产业为332.01亿元。从2000年到2011年西宁市国内生产总值持续增加,近几年增长明显;第一产业产值缓慢增加;第二产业生产总值高于第三产业,增加明显(图6-3)。

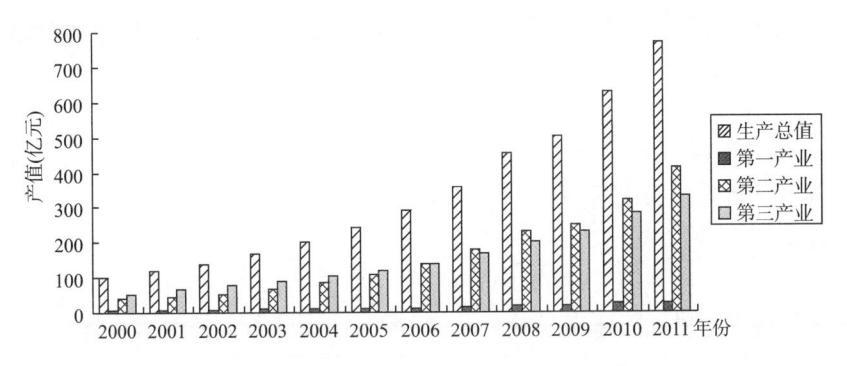

图6-3　西宁市2000—2011年国内生产总值图

如图6-4所示,2011年西宁市人口密度为291人/km²。市区、大通县、湟中县和湟源县人口密度中,西宁市市区占地面积最小但人口密度最大,其次为湟中、大通、湟源县。

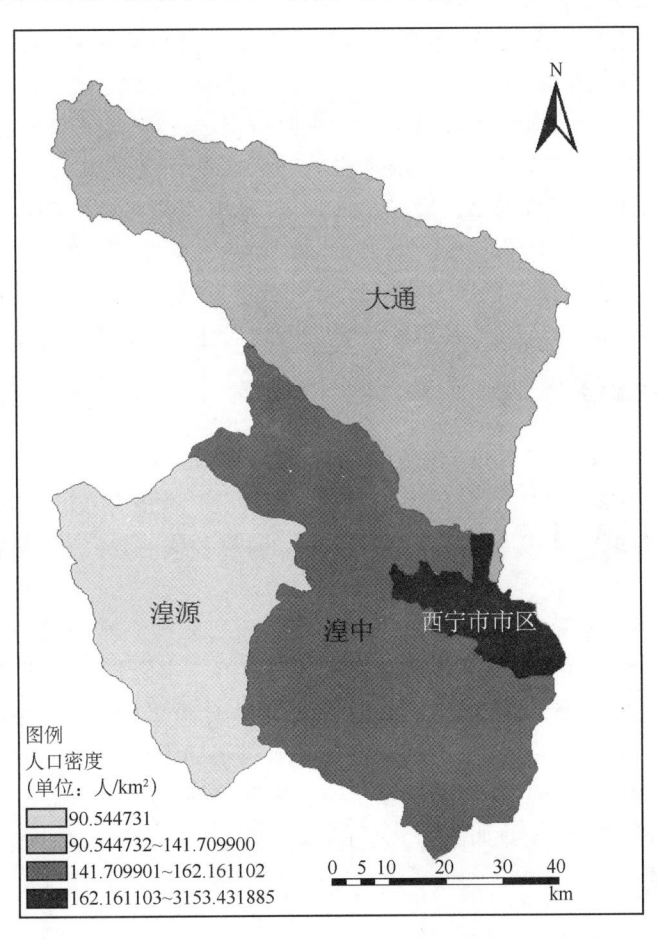

图6-4　2011年西宁市人口密度图

## 6.2 西宁市自然资源与环境条件

人口容量的影响因素很多,包括自然要素与社会经济要素,城市人口容量 $P$ 受城市用地面积 $a$、水资源总量 $b$、绿地面积 $c$、生态环境 $d$、经济发展要素 $e$ 等条件约束,其数学函数表达式如下:

$$P = f(a,b,c,d,e,\cdots) \tag{6-1}$$

根据"短板原理",城市发展水平的高低通常不是由城市发展中最有优势的条件决定,相反是由最制约城市发展的要素决定,最能制约城市发展的要素就被称为人口容量发展的"最短板",表达式为:

$$P = \min\{f_1(a), f_2(b), f_3(c), \cdots\} \tag{6-2}$$

除运用"短板原理"研究适度人口容量之外,还可以通过取平均值的方法来计算适度人口容量。

### 6.2.1 城市建设用地面积

城市建设用地的大小直接影响城市建成区面积的大小,城市建设用地与适度人口容量成正比关系,城市建设用地越大,相应能容纳的城市人口数量也就越多;反之,城市用地面积越小,能容纳的城市人口数量越小。

西宁市是黄土高原与青藏高原过渡带上的主要城市之一,其城市被祁连山支脉所包围,与平原城市不同,城市的空间扩张受地形因素影响和限制的程度较大,并且西宁市地理环境特殊,如海拔高、气温低等。随着未来社会经济不断发展,城市用地的空间问题将成为限制西宁市发展的重要因素之一。人口规模的不断扩大、城市"热岛效应"加剧和"生态环境恶化"等一系列问题的出现,使城市用地空间成为西宁市未来城市发展必须要考虑的问题。本研究针对城市用地空间主要考虑城市人均建设用地与城市人均居住用地两个方面。

### 6.2.2 城市水资源量

城市水资源量是影响城市人口容量的又一重要因素,城市水资源量的多少影响居民生产和生活用水,直接关系城市人口容量的大小。从水资源优化配置角度出发,对水资源约束条件下西宁市适度人口容量的研究是实行城市可持续发展的必要前提之一,有利于城市未来规划中优化水资源配置。

水资源总量是指当地降水形成的地表和地下产水量,是地表水与地下水的总和。西宁市地表水资源量为 113885 万 $m^3$,地下水总量为 11359 万 $m^3$,水资源总量为 125244 万 $m^3$。2010 年西宁市市区的人均用水量为 103.99 $m^3$。由 6.1.5 节分析可知,2011 年西宁市人口密度为 291 人/$km^2$,西宁市市区、大通县、湟中县和湟源县人口密度中,西宁市市区占地面积最小但人口密度最大,其次为湟中、大通、湟源县。西宁市市区和大通、湟中、湟源三县中,西宁市市区人口密度最大,而水资源总量最小,如图 6-5 所示,水资源总量从多到少依次为:大通县、湟中县、湟源县、西宁市市区。

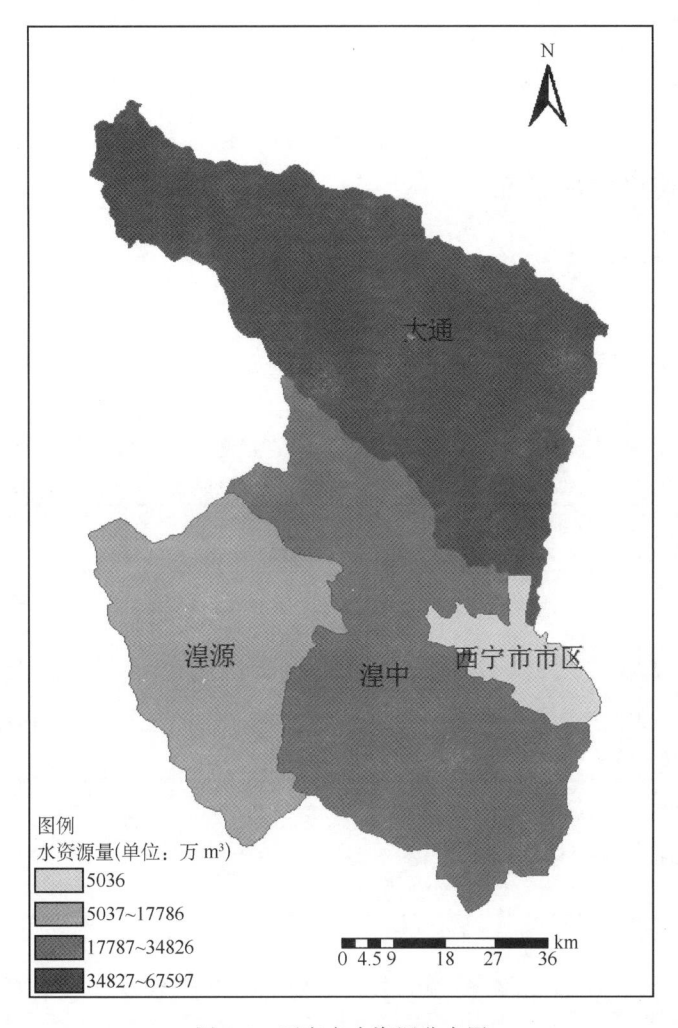

图 6-5 西宁市水资源分布图

西宁市在水资源开发利用中存在的主要问题为：水资源浪费普遍、水污染问题严重、供水能力低和耗水量大等。计算西宁市水资源约束条件下的适度人口容量时，主要考虑水资源总量、供水能力、国民生产平均用水量等要素。

## 6.2.3 城市生态环境

城市绿地对城市空气、水体和土壤具有净化作用，起到防风固沙、涵养水源等作用，还具有改善城市小气候、调节湿度和防风防沙的作用，同时具有美化城市的作用。绿地面积是决定城市生态环境是否良好的重要标志之一，是影响居民是否继续在此地生活和工作的重要因素。生态环境较好的城市能容纳的城市人口数量较多；相反，城市生态环境恶化会限制适度人口容量的增长。随着城市工业化加剧和人口增长，一系列的城市生态环境的恶化现象发生(如城市雾霾、扬沙)，通过城市绿地面积来计算适度人口容量是比较常见的，李侃桢等(2003)、王祥荣(1997)、吴文恒等(2006)通过绿地指标分别计算了南京、克拉玛依、天水等城市的生态环境人口承载力。

## 6.3 西宁市社会经济条件及分析

### 6.3.1 西宁市经济发展概况

#### 6.3.1.1 西宁市经济发展总体情况

2000—2010年西宁市的经济总量稳步增长(图6-6),其中2005年以后经济规模迅速扩大,经济增长速度明显提高,生产总值从2000年的101.74亿元到2010年的628.28亿元,10年间增长了5倍多,年平均增长率达到11.9%。人均生产总值从2000年的5215元/人增长到2010年的28428元/人,增长速度平稳,有继续上升的趋势,其中城北区人均生产总值最高,达到43570元/人,其后依次为城西区、城中区、城东区、大通县、湟中县、湟源县。

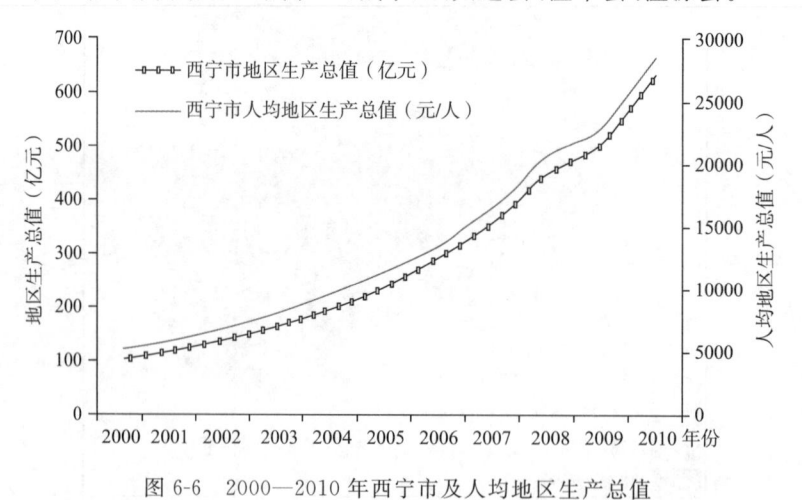

图6-6 2000—2010年西宁市及人均地区生产总值

#### 6.3.1.2 西宁市三次产业结构

西宁市的三次产业结构,从2000年的"三、二、一"模式,即第三产业主导,到2007年产业结构发生变化,转变为"二、三、一"的产业结构模式,如图6-7所示的产业结构变化中,第一产业保持平稳下降的趋势,近几年变化基本趋向于稳定;2010年的一、二、三产业的比重分别为3.9%、51.05%、45.05%。

总体来说,西宁市三次产业结构中第一产业的比重持续下降,第二产业比重持续上升,产

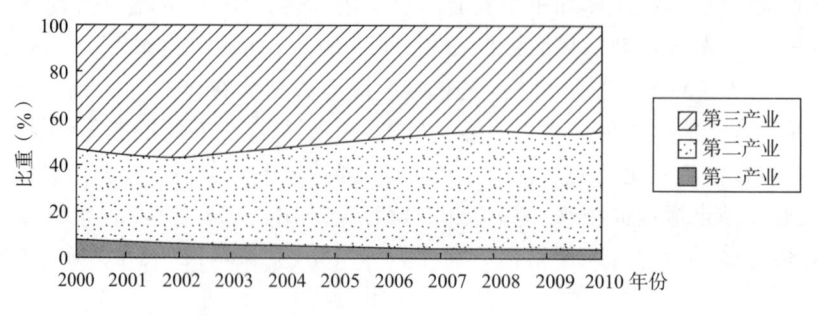

图6-7 西宁市2000—2010年三次产业结构

业结构不断趋于优化,产业结构转换方向合理。近年来,西宁市产业结构竞争力增强,经济增长主要依靠发展迅速的第二产业的推动,但西宁市的产业结构与其他一些省会城市相比较还存在较大的差距,产业之间关联度低,产业之间的内部结构有待改善。

### 6.3.2 西宁市就业概况

#### 6.3.2.1 西宁市就业总量变化情况

如图6-8所示,西宁市的就业情况变化图中,西宁市就业总量变化主要可以分为以下两个阶段:

第一阶段,1990—2000年,西宁市就业总量变化幅度较小,就业人口总量从1990年的79.40万人增长到2000年的94.79万人,年平均增长率为1.94%。

第二阶段,2000—2010年,西宁市就业总量小幅波动,就业人口总量从2000年的94.79万人增长到2010年的127.43万人,年平均增长率为3.44%。

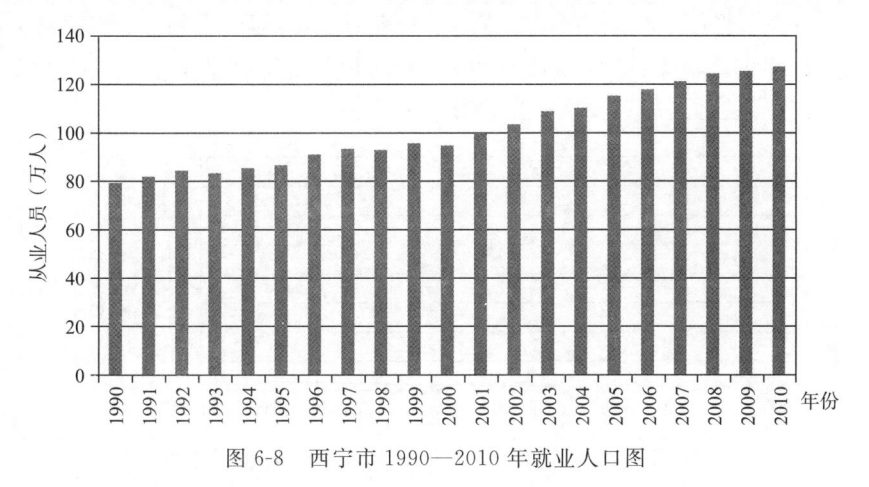

图6-8 西宁市1990—2010年就业人口图

#### 6.3.2.2 西宁市三次产业就业变化情况

西宁市三次产业就业特点(图6-9):第一产业就业人口数量近年来缓慢下降;第二产业就业人口数量持续上升,波动幅度稳定;第三产业就业人口数量增长明显。

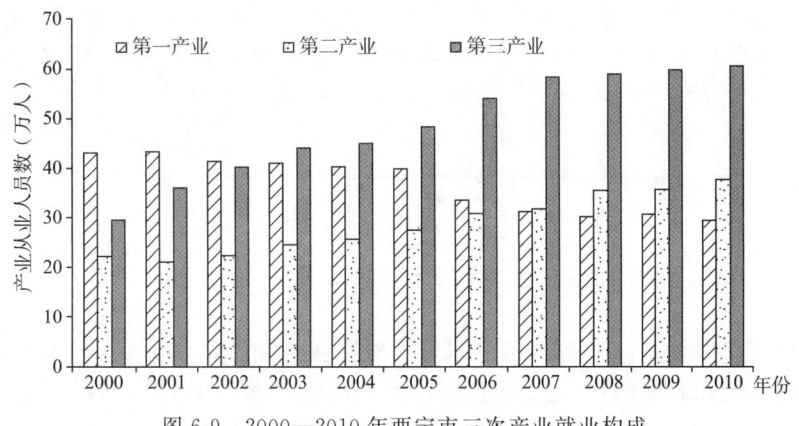

图6-9 2000—2010年西宁市三次产业就业构成

第一产业就业人口的变化可以分为两个阶段:第一阶段2000—2005年,西宁市从事第一产业的人口数量明显减小,从2000年的43.07万人下降到2005年的39.81万人,下降幅度较小;第二阶段2006—2010年,第一产业就业人口数量迅速减少,从2006年的33.42万人减少到2010年的29.39万人。

第二产业的就业人口数量从2000年至今增加缓慢,从2000年的22.15万人增加到2010年的37.59万人,发展状况良好。

第三产业的就业人口总量从2000年至今一直处于较快的增长速度,从2000年的29.57万人,增长到2010年的60.45万人,是从事第二产业人口数量的近两倍。

### 6.3.3 西宁市劳动生产率变化情况

#### 6.3.3.1 西宁市劳动生产率总量变化

如图6-10所示,根据2000—2010年劳动生产率的变化,西宁市的综合劳动生产率总量持续增加,从2000年的3.8万元/人增长到2010年的14.05万元/人,自2005年以后增加比较明显,但相对比较发达地区的劳动生产率仍存在差距。

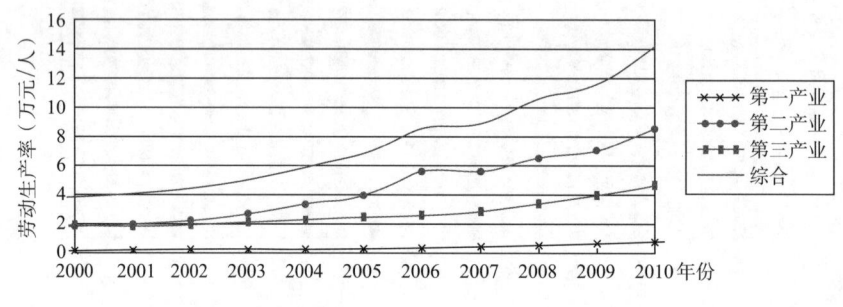

图6-10 西宁市2000—2010年劳动生产率年际变化图

#### 6.3.3.2 西宁市三次产业劳动生产率变化

如图6-10所示,三次产业的劳动生产率逐年增加,第一产业的劳动生产率最低,从2000年的0.19万元/人缓慢增加到2010年的0.83万元/人;第二产业的劳动生产率在三次产业劳动生产率中最高,从2000年的1.79万元/人增加到2010年的8.53万元/人,增长幅度较大;第三产业的劳动生产率在2000年与第二产业的劳动生产率相差不大,在经过10年的变化之后,落后于第二产业的劳动生产率,2010年达到4.68万元/人。

## 6.4 西宁市人口发展现状及分析

### 6.4.1 人口规模与增长情况

2010年西宁市常住人口为220.87万人,占全省总人口的39.25%。从1990—2010年21年间西宁市总人口总体呈持续平稳增加趋势,年平均增长率为1.10%。从1990年的161.11万人增加到2010年的220.87万人,总人口增长了37.09%,年平均增长率为1.85%。自然增长率从1990年的13.15‰迅速下降到2010年的6.49‰,其变化过程可以分为两个阶段(图6-

11);第一阶段从 1990—2002 年自然增长率波动幅度比较大,总体变化趋势为大幅度下降,到 2002 年年末总人口数达到 202.46 万人;第二阶段自 2002 年到 2010 年自然增长率逐年波动幅度平稳,人口总数趋于有序增加,自然增长率保持在 10‰ 以下,2002 年以后人口自然增长率保持较低水平在 6‰~8‰。

西宁市人口出生率大于死亡率(图 6-11),出生率从 1990 年的 18.81‰ 下降到 2010 年的 10.71‰,下降幅度较大;死亡率从 1990 年的 6.75‰ 缓慢下降到 2011 年的 5.41‰,到 2008 年出生率与死亡率都趋向平稳,增长速率较小。研究西宁市出生率和死亡率,其出生率、死亡率在全国处于较低水平,有低出生率、低死亡率和低自然增长率的特征。

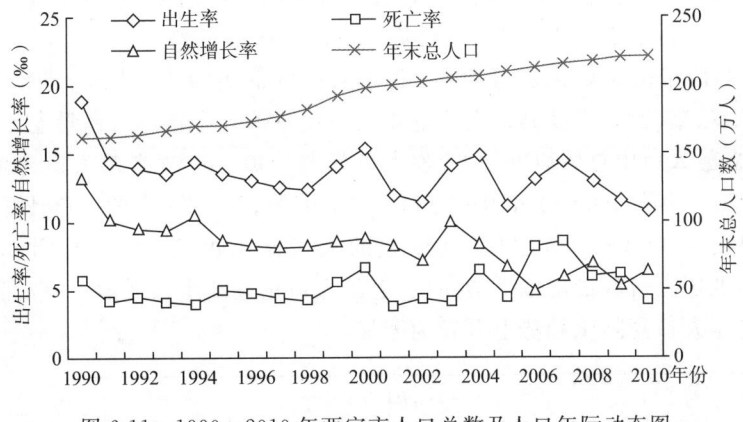

图 6-11　1990—2010 年西宁市人口总数及人口年际动态图

## 6.4.2　人口迁移

人口流动是一个地区人口发展的本质,随着经济水平的提高,市场经济体制的完善,西宁市流动人口的数量逐年增加。西宁市是一座典型的人口迁移性城市,流动量大是西宁市人口的最大特点,实行西部大开发战略以来,流动人口的数量迅速增加,西宁市的常住人口中,有一半是流动人口。如图 6-12 所示,西宁市迁入人口与迁出人口基本保持一致,波动幅度比较一致。

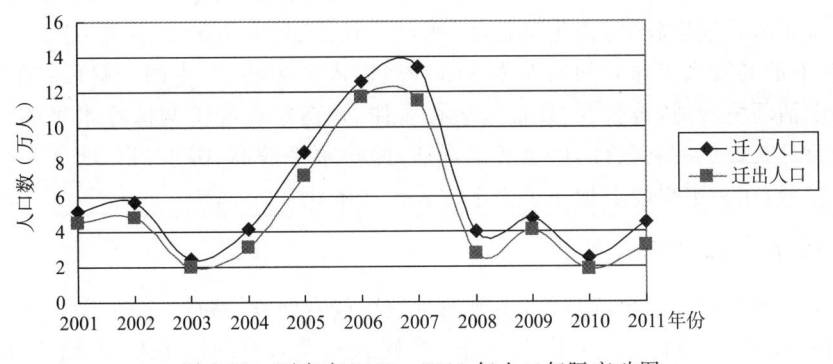

图 6-12　西宁市 2001—2011 年人口年际变动图

## 6.4.3 人口结构

### 6.4.3.1 西宁市人口年龄结构与性别结构

据 2010 年的资料显示,西宁市常住人口中,0～14 岁的人口为 37.53 万人,占 16.99%;15～64 岁的人口为 166.72 万人,占 75.49%;60 岁以上的人口为 24.34 万人,占 11.02%;65 岁以上的人口为 16.61 万人,占 7.52%。与 2000 年相比较,0～14 岁人口的比重下降了 5.85%;15～64 岁人口的比重上升了 3.16%;65 岁以上的人口比重上升了 2.69%。根据国际老龄化标准,一个国家的老龄化率(65 岁以上人口占全国人口的比率)在 7%～14% 称为老龄化国家,西宁市 65 岁以上人口占 7.52%,已进入老龄化城市行列。

图 6-13 表明,西宁市高龄化趋势明显,老年人口以低龄为主。国际上常用低龄 60～69 岁、中龄 70～79 岁、高龄 80 岁及其以上的老年人口比重等 3 个指标来衡量老年人口的年龄结构状况,西宁市老龄人口中总体以 60～69 岁人口为主。60～69 岁老龄人口比重从 2000 年的 75.59% 下降到 2010 年的 58.93%,10 年下降了 13.66%;70～79 岁的人口比重由 23.51% 上升到 34.6%,增加了 11.09%;80 岁及其以上的人口比重由 3.9% 上升到 6.47%,增加了 2.57%。西宁市老年人口数量仍以低龄为主,老龄人口正逐渐步入老龄化中龄阶段,老龄人口寿命的延长使老年人口高龄化趋势上升较为明显。

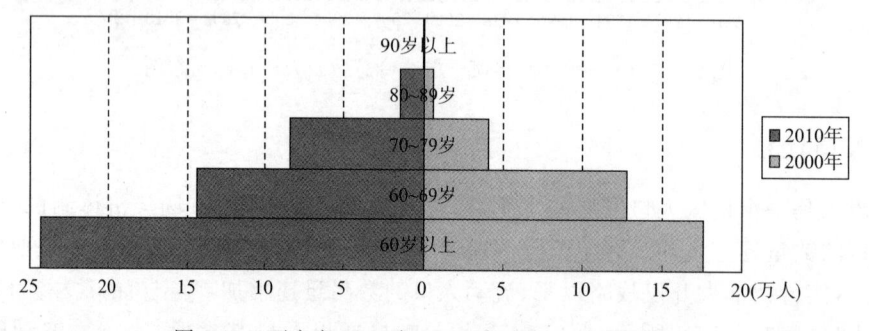

图 6-13 西宁市 2000 年、2010 年老年人口金字塔图

分析老龄化程度加重的原因:①西宁市人口具有较低的自然增长率,人口总量低速增长。西宁市人口总量增长速度较低、出生率较低、死亡率较低,导致老龄化加重,且西宁市 2000 年以来 60～69 岁的老龄人口随时间的推移逐渐自然进入了 70～79 岁的年龄段;②人均寿命延长。西宁市生活环境舒适,被誉为"夏都",适宜居住,且西宁市经济与医疗水平的快速发展为老龄人口寿命延长提供有利条件,由于环境舒适,医疗水平较高,吸引州县地区不少老年人选择在西宁市养老,在一定程度上加速了西宁市人口老龄化。

### 6.4.3.2 西宁市人口民族结构

西宁市是一座多民族混合的城市,主要的少数民族有回族、藏族、土族、蒙古族、撒拉族等。如图 6-14 所示,2011 年西宁市常住人口中,汉族人口为 164.97 万人,占西宁市总人口的 74%。少数民族人口为 57.82 万人,占西宁市总人口的 26%;其中,藏族 12.26 万人,占西宁市总人口的 5.50%;回族 36.23 万人,占西宁市总人口的 16.26%;土族 5.78 万人,占西宁市总人口的 2.59%;撒拉族 0.86 万人,占西宁市总人口的 0.39%;蒙古族 1.38 万人,占西宁市总人口的 0.62%;其他少数民族 1.31 万人,占西宁市总人口的 0.59%。

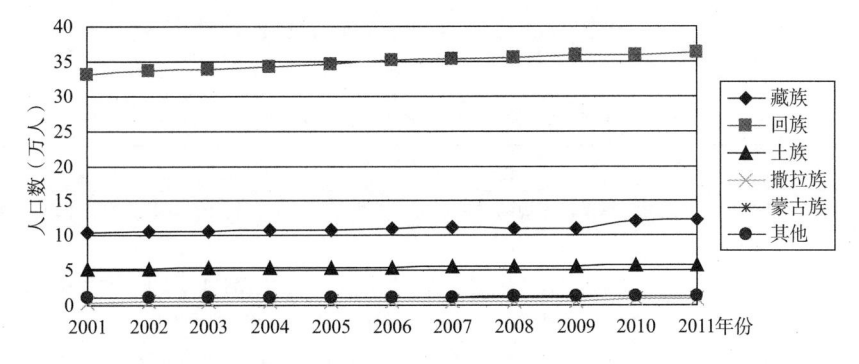

图 6-14　2001—2010 年西宁市少数民族人口结构年际变化图

2011年,西宁市回族人口分布中,市区回族主要集中分布在城东地区,城东区回族人口数占全部回族人口数的31.4%,达到11.40万人;县域回族人口中,大通县回族人口总数最多,占全部回族人口的36%,达到13.01万人;西宁市藏族人口主要分布于大通县、湟中县、湟源县,其中湟中县藏族分布人口最多达到3.99万人,占全部藏族人口的33%。市区中藏族主要分布在城中区,达到1.2万人,占全部藏族人口的10%。

少数民族人口增长主要原因为国家政策,我国对少数民族实行比汉族宽松的生育政策,少数民族夫妻可以生育2个孩子,有些少数民族由于传统观念较强,少数民族夫妻甚至有多孩现象,加上少数民族早婚早育问题比较严重,从而导致少数民族人口的自然增长率比较高,从根本上造成少数民族人口持续增加。

## 6.5　西宁市人口发展预测

人口是反映国情、国力基本情况的重要指标,也是区域发展中最活跃的、唯一具有主观能动性的重要因素,作为推动区域经济发展的动力,人口数量的多少直接影响着区域经济发展水平、资源消耗、生态环境和社会平均资本的占有度。合理的人口数量是区域经济发展的主要推动力之一,相反,过多或过少的人口数量,或者造成巨大的人口压力和生态环境问题,或者造成经济发展动力不足而限制经济发展。因此,准确合理的人口预测是制定区域经济社会发展规划、区域人口政策和进行社会决策的基础和科学依据(胡科等,2009;赵雪雁等,2011;肖艳秋等,2012;汪洋等,2012;董雯等,2006)。城市适度人口研究一般是对未来城市规模的可能发展趋势与其未来人口容量进行比较来分析未来人口与资源、环境、经济等要素的协调程度,以便提前提出相关人口对策。因此,人口预测是适度人口容量研究的必要环节。

### 6.5.1　人口预测方法与模型概述

人口预测的方法很多(表6-1),目前最常用的是自然增长率法和年龄移算法等。这两种方法受人口政策、社会经济发展水平、文化教育和医疗卫生条件的影响严重,而较小范围的区域人口机械变动较大,而且随着社会经济情况和医疗卫生条件的变化,人们的生育观念、各年龄段的死亡率也发生变化。所以这两种方法的预测结果与实际往往有一定的差距(李振福,2003)。本书针对这些限制性因素及西宁市人口数据特点,结合各种预测模型对原始数据序列的不同要求,采用一元线性回归模型、马尔萨斯模型、Logistic模型、GM(1,1)模型4种方法,利用西宁市 2000—2011 年人口数据进行人口预测,综合考虑各种方案预测值,确定西宁市 2012—2020 年的人口数量。

表 6-1　城市人口规模预测常用方法

| 预测方法 | 预测方法建模思路 |
| --- | --- |
| 人口增长率法 | 根据人口年均增长率来预测规划期末城市人口规模。该方法按照数学原理的不同又分为综合增长率法、指数增长模型、Logistic 模型 |
| 历史人口规模法 | 通过历年城市人口规模统计数据,建立数学模型,进而预测规划期末城市人口规模。该方法按照数学原理的不同又分为趋势外推法、灰色模型预测法、人工神经网络模型法 |
| 年龄移算法 | 以基准年各个年龄组的实际人口数为基数,按照一定的存活率进行逐年递推来预测人口规模 |
| 剩余劳动力转化法 | 通过一元线性回归预测规划期末区域农业人口,通过农业资源的劳动力分配,得到农村剩余劳动力的数量,再将农村剩余劳动力按照区域外消纳、城市消纳、区域内其他小城镇消纳的原则,按比例分配到各个区域,从而得到剩余劳动力转化到城市的人口规模 |
| 城镇化水平法 | 通过预测区域内城镇化水平与区域总人口来预测城镇人口,再将城镇人口按一定比例分配到城市、乡镇,从而预测城市人口规模 |
| 劳动平衡法 | 劳动平衡法是我国过去城市规划中较多采用的一种方法,以经济发展计划的基本人口数和劳动构成比例的平衡关系来确定的。基本思路是根据国民经济发展计划,预测经济的增长,确立新增基本人口数量,然后按基本人口占城市人口的比例推算城市的总人口 |
| 带眷系数法 | 通过新增就业岗位数及带眷情况来进行计算,即规划总人口数等于带眷职工人数和眷属人数及单身职工人数的总和 |
| 相关分析法 | 根据国民生产总值(GDP)的发展速度与城市人口的相关关系,通过预测未来的国民生产总值推算城市未来人口规模 |
| 就业岗位法 | 通过分析城市产业结构、劳动结构、劳动生产力,根据相关研究经验推算、判断未来城市的就业岗位容量,从而确定城市人口规模 |
| 资金约束法 | 通过城市基础设施建设费用与国民生产总值的比例关系,以及新增城市人口所需增加的城市基础设施费用,综合确定未来一定经济水平下的城市人口规模 |
| 资源环境承载率法 | 通过土地、水等自然资源及环境承载能力确定未来一定经济水平下的城市人口规模 |
| 基础设施承载率法 | 通过道路、教育、医疗等基础设施承载能力来预测未来城市人口规模 |

### 6.5.2　基于多模型的西宁市人口规模预测及分析

#### 6.5.2.1　趋势外推模型

(1)模型概述与参数确定

大量事实证明,事物的发展过程,虽然有时可能出现某种跳跃,但主要还是渐进发展的。在这种情况下,趋势外推法就能为某些技术或经济的未来发展趋势与状况做出科学的预测。趋势外推法是根据变量(预测目标)的时间序列数据资料,提示其发展变化规律,并通过建立适当的预测模型,推断其未来变化的趋势。趋势外推预测法是研究变量的发展变化相对于时间之间的函数关系。根据函数关系的形态不同,可分为直线趋势外推预测法、曲线趋势外推预测法。为了拟合数据点,实际中最常用的是一些比较简单的函数模型,如线性模型、指数曲线、生长曲线、包络曲线等。

人口增长过程中,各时期人口发展速度比较接近时,即在人口发展曲线上任意点切线的斜率基本相等且近似为直线增长的时候,可以选用一元线性回归方法进行人口数量测算。受测算条件的限制,这种模型比较适用于短期内的人口预测,用于长期预测时会因人口变动引起的误差逐渐放大而影响预测结果的准确性。本书采用一元线性模型进行人口预测。

(2)方案选择与分析

① 根据 2000—2011 年西宁市人口总量,绘制数据散点图(图 6-15)。观察各散点的变化趋势可用直线方程来拟合。因此,采用 SPSS 软件的线性回归分析进行人口总量回归模型建模。

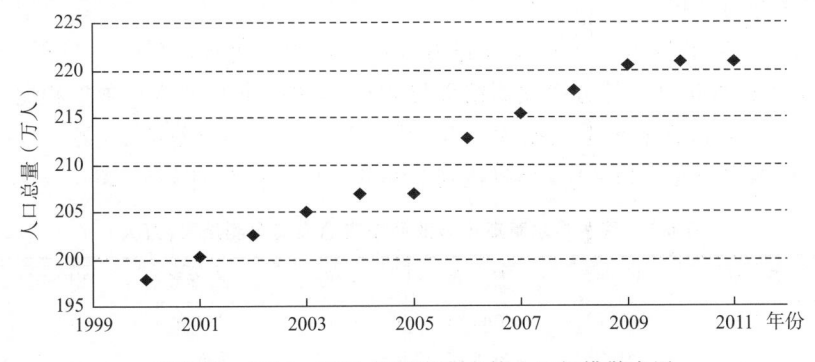

图 6-15 2000—2011 年西宁市户籍人口规模散点图

② 根据 2000—2011 年原始数据,用线性回归方法,确定模型参数,建立预测模型如下:

$$\hat{y}_t = -4411.284 + 2.305 x_t \tag{6-3}$$

模型检验表明,显著性概率接近于 0.000,相关系数为 0.987,说明西宁市人口与年份之间存在着高度显著的线性关系(表 6-2),模型常数项及斜率的 $t$ 值分别为 18.27 和 19.14,大于其临界值 2.59;模型 $F$ 值为 366.25,大于其临界值 4.96,DW 值为 1.342,模型效果显著。因此用该模型进行西宁市域总人口预测。

表 6-2　2012—2020 年西宁市人口总量一元线性回归预测结果

| 年份 | 预测人口(万人) | 年份 | 预测人口(万人) |
| --- | --- | --- | --- |
| 2012 | 226.38 | 2017 | 237.90 |
| 2013 | 228.68 | 2018 | 240.21 |
| 2014 | 230.99 | 2019 | 242.51 |
| 2015 | 233.29 | 2020 | 244.82 |
| 2016 | 235.60 |  |  |

预测结果表明,2012 年西宁市总人口将达到 226.38 万,2015 年将达到 233.29 万,2020 年为 244.82 万人。对模型进行残差检验表明,最大误差值为 -3.34,平均误差为 -0.007。

#### 6.5.2.2　马尔萨斯模型

(1)模型概述与参数确定

该模型由英国人口学家马尔萨斯(Malthus)于 1798 年提出(石培基等,2007),其原理为:在一般情况下,在一定的时期内,人口的增长率可视为一定的数值,人口预测采用指数增长函数。其模型为:

$$P_t = P_0 (1+r)^n \tag{6-4}$$

式中:$P_t$ 为预测目标年末人口规模,$P_0$ 为预测基准年人口规模,$r$ 为人口年均增长率,$n$ 为预测年限。

按照西宁市人口发展现状,采用西宁市1978—2011年人口数据,选择高中低三个方案进行预测,高、中、低方案分别为2012—2020年间的年最高人口增长率为14.09‰(1978—2011年人口自然增长率的最大值)、7.5‰(1978—2011年的人口年平均增长率)、5.87‰(1978—2011年人口自然增长率的最小值)。根据马尔萨斯人口模型,以2000年为基期年,可以得到2000—2020年西宁市总人口的高、中、低三种方案的预测值(表6-3)。

(2)方案选择与分析

将三个方案预测值与2000—2010年已有人口数据进行比较(表6-4),发现高方案预测值明显高于实际人口数量,中、低方案预测结果与2000—2010年已有人口数据相比偏小,高方案平均误差为1.73%,低方案平均误差为-2.52%,中方案平均残差最小,为-1.44%。因此,采用中方案,即西宁市总人口2015年将达到226.66万人,2020年达到234.17万人。

表6-3 基于马尔萨斯模型的西宁市总人口预测结果(万人)

| 年份 | 高方案 | 中方案 | 低方案 | 年份 | 高方案 | 中方案 | 低方案 |
| --- | --- | --- | --- | --- | --- | --- | --- |
| 2001 | 200.87 | 199.72 | 199.32 | 2011 | 232.89 | 218.61 | 213.82 |
| 2002 | 203.86 | 201.53 | 200.72 | 2012 | 236.36 | 220.60 | 215.33 |
| 2003 | 206.90 | 203.36 | 202.14 | 2013 | 239.88 | 222.60 | 216.85 |
| 2004 | 209.98 | 205.21 | 203.56 | 2014 | 243.45 | 224.62 | 218.38 |
| 2005 | 213.11 | 207.07 | 205.00 | 2015 | 247.08 | 226.66 | 219.92 |
| 2006 | 216.29 | 208.95 | 206.44 | 2016 | 250.76 | 228.72 | 221.47 |
| 2007 | 219.51 | 210.85 | 207.90 | 2017 | 254.50 | 230.79 | 223.03 |
| 2008 | 222.78 | 212.76 | 209.36 | 2018 | 258.29 | 232.89 | 224.60 |
| 2009 | 226.10 | 214.69 | 210.84 | 2019 | 262.14 | 235.00 | 226.18 |
| 2010 | 229.47 | 216.64 | 212.32 | 2020 | 266.04 | 237.14 | 227.78 |

表6-4 基于马尔萨斯模型的西宁市人口预测值检验

| 年份 | 实际值(万人) | 残差(%) 高方案 | 残差(%) 中方案 | 残差(%) 低方案 |
| --- | --- | --- | --- | --- |
| 2001 | 200.20 | 0.33 | -0.24 | -0.44 |
| 2002 | 202.46 | 0.69 | -0.46 | -0.86 |
| 2003 | 204.97 | 0.94 | -0.79 | -1.38 |
| 2004 | 206.96 | 1.46 | -0.85 | -1.64 |
| 2005 | 209.90 | 1.53 | -1.35 | -2.34 |
| 2006 | 212.73 | 1.67 | -1.78 | -2.96 |
| 2007 | 215.36 | 1.93 | -2.10 | -3.47 |
| 2008 | 217.79 | 2.29 | -2.31 | -3.87 |
| 2009 | 220.50 | 2.54 | -2.63 | -4.38 |
| 2010 | 220.87 | 3.89 | -1.91 | -3.87 |
| 平均残差(%) |  | 1.73 | -1.44 | -2.52 |

### 6.5.2.3 Logistic 模型

(1) 模型概述与参数确定

Logistic 生物模型考虑到人口总数增长的有限性,且提出了人口总数增长的规律即随着人口总数的增长,人口增长率逐渐下降(阎慧臻,2008)。

设 $p(t)$ 表示在 $t$ 时刻种群的大小,当种群很大时,可以认为 $p(t)$ 是连续的,甚至可微的。如果 $b(t,p)$ 表示 $t$ 时刻单位时间种群里单个生物的出生率,$d(t,p)$ 表示 $t$ 时刻单位时间种群里单个生物的死亡率,则 $r(t,p)=b(t,p)-d(t,p)$ 表示 $t$ 时刻单个个体的纯增率,于是:

$$\Delta P = P(t+\Delta t) - P(t) = r(t,P) \times P(t)\Delta t \quad (6-5)$$

令 $\Delta t \rightarrow 0$,则有:

$$\frac{dp}{dt} = r(t,p) \cdot P \quad (6-6)$$

当 $r(t,p)=a$(常数)时,有:

$$P' = aP, P(t_0) = P_0 \quad (6-7)$$

这就是 Malthus 人口律。

由于环境的限制,使得个体之间存在竞争结果,使 $r(t,P)$ 下降,于是荷兰生物学家提出添加竞争项 $-bp^2(b>0)$,于是有:

$$P' = aP - bp^2, P(t_0) - P_0 \quad (6-8)$$

这就是 Logistic 竞争的生物模型(刘秉正,1994)。

(2) 预测结果与分析

通过对公式(6-6)进行微分及变量分离,建立西宁市 Logistic 人口预测模型 $P(t) = \frac{0.290225}{1+e^{-0.039557(t-1980.717)}}$,据此得到 2012—2020 年总人口预测结果(表 6-5):2012 年西宁市总人口将达到 224.96 万人,2015 年总人口将升至 230.77 万人,2020 年总人口达到 239.57 万人。通过 2000—2011 年已有人口数据与预测值进行比较,运用 Logistic 模型对西宁市人口进行预测的最小误差为 0.00%,最大误差为 0.54%,平均误差为 0.12%,模型精度较好。

表 6-5 2012—2020 年西宁市人口总量 Logistic 预测结果

| 年份 | 预测人口(万人) | 年份 | 预测人口(万人) |
| --- | --- | --- | --- |
| 2012 | 224.96 | 2017 | 234.42 |
| 2013 | 226.94 | 2018 | 236.18 |
| 2014 | 228.87 | 2019 | 237.90 |
| 2015 | 230.77 | 2020 | 239.57 |
| 2016 | 232.62 | | |

### 6.5.2.4 灰色 GM(1,1) 模型

(1) GM(1,1) 模型概述

某些地区由于其区域特殊性和其他原因,其人口发展趋势并不呈现显著的规律性,人口发展表现为复杂多变、非平稳的随机过程。用线性回归、指数增长等静态模型进行预测,将难以保证预测精度,有时甚至由于模型误差使预测结果置信区间过大而失去实际意义(赵金环等,

2007；赖红松等，2004）。

灰色预测将已知的数据序列按照某种规则"生成"动态或非动态的白色模块，从杂乱无章的原始数据中开拓或寻找其内在规律，再按照某种变化、解法来建立灰色模型，从而预测未来数值，单一变量一阶微分方程称为 GM(1,1)模型（邓聚龙，1989）。GM(1,1)模型所需数据量少，思路简单，运算简便的特点对于改善数据的随机性、提高预测精度有着显著的优越性（徐建华，2006；邓聚龙，1987；王菊翠等，2006）。

(2) GM(1,1)模型预测结果与分析

选取 2000—2011 年西宁市户籍人口为样本数据，构建西宁市人口预测 GM(1,1)模型，其时间相应函数为：

$$x(k+1) = 18375.271801 \times \exp(0.00917 \times k) - 32943733 \quad (6-9)$$

该模型最大残差为 2.46，平均相对误差为 0.50%，模型通过后验差检验。预测结果显示：2012 年西宁市人口将达到 225.89 万人，2015 年为 233.38 万人，2020 年人口总量将增长到 246.37 万人（表 6-6）。

表 6-6　2012—2020 年西宁市人口总量 GM(1,1)预测结果

| 年份 | 预测人口（万人） | 年份 | 预测人口（万人） |
| --- | --- | --- | --- |
| 2012 | 225.888177 | 2017 | 238.482132 |
| 2013 | 228.352600 | 2018 | 241.083958 |
| 2014 | 230.843918 | 2019 | 243.714172 |
| 2015 | 233.382413 | 2020 | 246.373079 |
| 2016 | 235.908384 | | |

### 6.5.3　不同人口预测模型的结果比较与分析

#### 6.5.3.1　不同模型预测结果比较

将前述一元线性回归模型、马尔萨斯模型、Logistic 模型及 GM(1,1)模型对西宁市 2012—2020 年总人口规模预测结果进行比较，发现 Logistic 模型及 GM(1,1)模型精度均较高，二者预测结果都比较接近，而一元线性回归模型及马尔萨斯模型预测精度相对较低，拟合度最好的为 GM(1,1)模型，均误差达到 0.0040%，拟合度最差的为一元线性回归模型，均误差为 −0.7718%（表 6-7，表 6-8）。

表 6-7　西宁市不同人口预测模型精度比较

| 预测方法 | 模型 | 均误差（%） |
| --- | --- | --- |
| 一元线性回归模型 | $\hat{y}_t = -4411.284 + 2.305 x_t$ | −0.7718 |
| 马尔萨斯模型 | $P_t = P_0(1+r)^n$ | −1.4408 |
| Logistic 模型 | $P(t) = \dfrac{0.290225}{1 + e^{-0.039557(t-1980.717)}}$ | 0.1208 |
| GM(1,1)模型 | $x(k+1) = 18375.271801 \times \exp(0.00917 \times k) - 32943733$ | 0.0040 |

表 6-8　西宁市不同人口预测模型 2012—2020 年人口预测结果比较（万人）

| 年份 | 一元线性回归 | 马尔萨斯 | Logistic | GM(1,1) |
| --- | --- | --- | --- | --- |
| 2012 | 226.38 | 220.60 | 224.96 | 225.8882 |
| 2013 | 228.68 | 222.60 | 226.94 | 228.3526 |
| 2014 | 230.99 | 224.62 | 228.87 | 230.8439 |
| 2015 | 233.29 | 226.66 | 230.77 | 233.3824 |
| 2016 | 235.60 | 228.72 | 232.62 | 235.9084 |
| 2017 | 237.90 | 230.79 | 234.42 | 238.4821 |
| 2018 | 240.21 | 232.89 | 236.18 | 241.0840 |
| 2019 | 242.51 | 235.00 | 237.90 | 243.7142 |
| 2020 | 244.82 | 237.14 | 239.57 | 246.3731 |

#### 6.5.3.2　不同模型预测精度及适用性分析

为了探讨上述模型预测精度差异原因，为模型适用性提供参考，进一步分析各模型方法特点及其对样本数据要求，发现一元线性回归模型精度最低的原因是该方法一般适用于人口数据变动平稳、直线趋势较明显的预测。而西宁市人口样本趋势在 2009 年发生转变（图 6-15），整个样本的直线趋势并不是特别一致，因而预测精度相对较低。

马尔萨斯模型因为忽略了有限的生存资源及空间、生产力水平、文化水平、传统意识等对出生率及死亡率等有重要影响的因素，简单假定了出生率、死亡率等随时间变化的参量是常量（一般取样本年份的均值），所以模型本身有一定的局限性。当然，若考虑因素过多，对所考虑因素的量化较复杂，则模型也就会十分复杂，使求解及分析模型极为困难甚至不可能，这样的模型将失去意义。因此，必须精练地选取所考虑因素，并对诸因素做尽可能简洁的数量化。一般在人口基数小、增长速度快的情况下，运用马尔萨斯模型比较合适。而本书样本数据与该模型拟合度不高，因而导致预测精度相对较低。

Logistic 人口模型传承了马尔萨斯人口模型的特点，实质是改进的马尔萨斯人口模型。它们之间的差异就是，在马尔萨斯人口模型中认为单位时间内人口的增长量与人口总数成正比，比率为常数；而在 Logistic 人口模型中认为人口并不能无限制增长，受自然环境条件限制，有其所能容许的最大人口数，并假设净增长率随着总人口的增加而逐渐下降，当总人口趋向于自然环境条件所能容许的最大人口数时，净增长率趋于零。所以在条件假设方面，Logistic 人口模型本身比马尔萨斯人口模型更合理一些。当然该模型也有其限制条件，即假设在预测期内不会发生大的人口迁移、自然灾害等特殊情况。如果考虑自然灾害的突发、城市化进程与生态环境保护政策实施引发的人口迁移、旅游业的发展及国家生育政策颁布的影响因素，则 Logistic 连续状态模型就遭到破坏。而且，对于时间较长，人口数据变化大，相关参数值必然变化大，因此误差较大且不稳定。本书样本数据较小，时序较短，对该模型适用性较好，因而拟合度较好，预测精度相对较高。

GM(1,1) 模型没有拼凑一堆数据不准确、关系不清楚、变化不明确的参数，而是从自身的时间序列中寻找有用信息建立模型，通过探测和识别样本数据内在规律进行预测，这样就排除了由于参数估计不准确而导致的模型整体精度的下降。灰色预测最大的特点在于不必追求大量历史数据，也不苛求数据的典型分布，而是通过时序数据累加生成模块建立模型，滤去原始序列中可能混入的随机量，从上下波动的时间序列中寻找样本数据隐含的规律性。因此，当样本数据发展规律呈非线性、无规律可循或资料不全的情况下,该方法往往会取得较好的预测精度。本书样本数据在 2005 年及 2009 年存在波动性(图 6-15),破坏了该样本与上述三种模型的拟合度,这一特点恰好吻合了 GM(1,1)模型的特征,因而在四种模型中,该模型预测精度最高。

由于在四种模型中,GM(1,1)模型预测精度最高,因而采用该模型进行西宁市人口预测,得到西宁市人口预测的最终结果(表 6-8):2012 年西宁市总人口将达到 225.89 万人,2015 年将达到 233.38 万人,2020 年将达到 246.37 万人。从结果看,未来 8 年西宁市人口将呈现持续平稳增长的态势,但随着时间推进人口增长速度将逐渐下降。

# 第7章
# 西宁市适度人口容量分析

## 7.1 自然资源约束的适度人口容量

西宁市是一座高原河谷型城市,其城市发展的过程中,对于城市用地空间具有较强限制。城市建设用地面积约束下,西宁市适度人口容量计算运用《西宁市土地利用总体规划(2006—2020)》中西宁市城市建设用地面积数据。

### 7.1.1 城市建设用地约束条件下西宁市适度人口计算

截至 2011 年,西宁市的城市市区面积为 510 km²,占西宁市市域总面积的 6.67%,人口密度达到 2640 人/km²。2011 年西宁市建成区面积为 400.06 km²,其中西宁市中心城区城市建设用地面积为 122.83 km²,湟中、湟源和大通三县的城市建设用地面积分别为:139.63 km²、33.37 km² 和 104.22 km²。根据《西宁市土地利用总体规划(2006—2020)》,到 2015 年和 2020 年西宁市城市建设用地面积分别达到 470.09 km² 和 511.42 km²,其中 2015 年西宁市中心城区城市建设用地面积为 141.52 km²,湟中、湟源和大通三县城市建设用地面积分别为 165.66 km²、46.08 km² 和 116.83 km²;到 2020 年西宁市市区城市建设用地面积为 153.35 km²,湟中、湟源和大通三县的城市建设用地面积分别为:181.79 km²、52.20 km² 和 124.08 km²。

在西宁市城市建设用地条件下,对 2011 年、2015 年和 2020 年的适度人口容量做情景分析,分高、中、低三种方案。根据《西宁市土地利用总体规划(2006—2020)》相关指标和《建筑气候区划标准》(GB 50178-93)可知,西宁市属于Ⅵ类建筑气候标准,即城市规划中人均建设用地面积最小不低于 75 m²/人的标准,上限不得大于 150 m²/人的标准。西宁市适度人口容量计算高方案下,采用人均建设用地不小于 75 m²/人的标准;西宁市适度人口容量计算中方案下,采用建设部《城市用地分类与规划建设用地标准》中提出 1 万人/km² 的宜居型城市用地标准和节约资源、紧凑发展,实行"精明增长"原则(马强等,2004;仇保兴,2003,2004);西宁市适度人口容量计算低方案下,采用城市建设用地面积上限不得大于 150 m²/人的标准。则 2011 年、2015 年和 2020 年西宁市高、中、低三种方案下适度人口容量的表达式如下:

$$P = 100 \times A_L/75 \tag{7-1}$$

$$P = 1 \times A_L \tag{7-2}$$

$$P = 100 \times A_L/150 \tag{7-3}$$

式中:$P$ 为适度人口容量,$A_L$ 为城市建设用地面积。

结果显示(表 7-1、表 7-2),城市建设用地面积为约束条件下适度人口容量高方案下,西宁市中心城区、湟中县、湟源县和大通县适度人口容量都存在一定的发展潜力;西宁市适度人口容量中方案下,中心城区适度人口容量发展空间不大,湟中、湟源和大通三县存在较大的发展空间;西宁市适度人口容量低方案下,适度人口容量都达到饱和。将中方案下适度人口容量作为西宁市适度人口容量,即城市建设用地面积为约束条件下,2011 年西宁市中心城区适度人口容量为 122.83 万人,与西宁市 2011 年实际人口 121.19 万人相差不大,未来 9 年内西宁市中心城区适度人口还存在一定的增长空间;湟中、湟源和大通三县的适度人口与实际人口数据之间差距较大,适度人口存在较大发展潜力;其中湟中县 2011 年适度人口容量为 139.63 万人,与 2011 年湟中县实际人口 44.09 万人存在较大差距;湟源县 2011 年适度人口容量为 33.37 万人,与 2011 年湟源县实际人口 13.77 万人相比存在较大的发展潜力;大通县 2011 年适度人口容量为 104.22 万人,与 2011 年大通县实际人口 43.75 万人相比存在很大的发展潜力。总之,现阶段和未来一定时间内,西宁市三县的适度人口发展潜力大于西宁市中心城区。

表 7-1  2011 年、2015 年和 2020 年西宁市城市建设用地约束下适度人口容量(万人)

| 年份 | 适度人口容量约束条件 | 中心城区适度人口 | 湟中县适度人口 | 湟源县适度人口 | 大通县适度人口 |
| --- | --- | --- | --- | --- | --- |
| 2011 | 城市建设用地高方案 | 163.77 | 186.17 | 44.49 | 138.96 |
|  | 城市建设用地中方案 | 122.83 | 139.63 | 33.37 | 104.22 |
|  | 城市建设用地低方案 | 81.89 | 93.09 | 22.25 | 69.48 |
| 2015 | 城市建设用地高方案 | 188.69 | 220.89 | 61.44 | 155.77 |
|  | 城市建设用地中方案 | 141.52 | 165.67 | 46.08 | 116.83 |
|  | 城市建设用地低方案 | 94.35 | 110.44 | 30.72 | 77.89 |
| 2020 | 城市建设用地高方案 | 272.63 | 323.19 | 92.80 | 220.59 |
|  | 城市建设用地中方案 | 204.47 | 242.39 | 69.60 | 165.44 |
|  | 城市建设用地低方案 | 136.31 | 161.59 | 46.40 | 110.29 |

表 7-2  2011 年西宁市实际人口与城市建设用地约束的适度人口对比(万人)

|  | 中心城区 | 湟中 | 湟源 | 大通 |
| --- | --- | --- | --- | --- |
| 2011 年实际人口 | 121.19 | 44.09 | 13.77 | 43.75 |
| 2011 年适度人口 | 122.83 | 139.63 | 33.37 | 104.22 |

## 7.1.2 人均居住用地面积约束条件下西宁市适度人口计算

人均居住用地面积约束条件下适度人口容量计算根据《建筑气候区化标准》(GB 50178-93)规定,西宁市属于Ⅳ类气候区,居住用地占建设用地面积的 25%～40%,人均居住用地标准在 23～36 m²/人,人口容量表达式如公式 7-4:

$$P = (100 \times A_L \times \kappa)/\gamma \tag{7-4}$$

式中:$P$ 代表人口容量,$A_L$ 代表中心城市建设用地面积,$\kappa$ 代表城市居住用地比例,$\gamma$ 代表城市人均居住用地标准。

西宁市 2011 年、2015 年和 2020 年人均居住用地条件下,适度人口容量的计算采用高、中、低三种方案,$\kappa$ 值采用居住用地占建设用地面积的 32%,高、中、低三种情境下人均居住用地标准 $\gamma$ 分别为 23 m²/人、30 m²/人和 36 m²/人。

结果显示(表 7-3、表 7-4),2011 年、2015 年和 2020 年人均居住用地面积为约束条件下西宁市适度人口容量高方案中,中心城区、湟中县、湟源县和大通县适度人口容量都存在较大的发展潜力;西宁市适度人口容量中方案下,中心城区适度人口容量发展空间不大,湟中、湟源和大通三县存在较大的发展空间;西宁市适度人口容量低方案下,中心城区、湟中县、湟源县和大通县适度人口容量都达到饱和。将中方案下适度人口容量作为西宁市适度人口容量,即人均居住用地面积为约束条件下,2011 年西宁市中心城区适度人口容量为 131.02 万人,与西宁市 2011 年实际人口 121.19 万人相差不大,未来 9 年内西宁市市区适度人口还存在一定的增长空间;湟中、湟源和大通三县的适度人口与实际人口数据之间差距较大,适度人口存在较大发展潜力;其中湟中县 2011 年适度人口容量为 148.94 万人,与 2011 年湟中县实际人口 44.09 万人相比存在较大差距;湟源县 2011 年适度人口容量为 35.59 万人,与 2011 年湟源县实际人口 13.77 相比存在较大的发展潜力;大通县 2011 年适度人口容量为 111.17 万人,与 2011 年大通县实际人口 43.75 万人相比存在很大的发展潜力。总之,现阶段和未来一定时间内,西宁市三县的适度人口发展潜力大于西宁市市区适度人口发展潜力。

表 7-3　2011 年、2015 年和 2020 年西宁市人均居住用地约束下人口容量(万人)

| 年份 | 适度人口容量约束条件 | 中心城区适度人口 | 湟中县适度人口 | 湟源县适度人口 | 大通县适度人口 |
|---|---|---|---|---|---|
| 2011 | 人均居住用地高方案 | 170.89 | 194.27 | 46.43 | 145.00 |
| 2011 | 人均居住用地中方案 | 131.02 | 148.94 | 35.59 | 111.17 |
| 2011 | 人均居住用地低方案 | 109.18 | 124.12 | 29.66 | 92.64 |
| 2015 | 人均居住用地高方案 | 196.90 | 230.49 | 64.11 | 162.55 |
| 2015 | 人均居住用地中方案 | 150.95 | 176.71 | 49.15 | 124.62 |
| 2015 | 人均居住用地低方案 | 125.80 | 147.26 | 40.96 | 103.85 |
| 2020 | 人均居住用地高方案 | 284.48 | 337.24 | 96.83 | 230.18 |
| 2020 | 人均居住用地中方案 | 218.10 | 258.55 | 74.24 | 176.47 |
| 2020 | 人均居住用地低方案 | 181.75 | 215.46 | 61.87 | 147.06 |

表 7-4　2011 年西宁市实际人口与人均居住用地约束的适度人口对比(万人)

|  | 中心城区 | 湟中 | 湟源 | 大通 |
|---|---|---|---|---|
| 2011 年实际人口 | 121.19 | 44.09 | 13.77 | 43.75 |
| 2011 年适度人口 | 131.02 | 148.94 | 35.59 | 111.17 |

### 7.1.3　城市人均绿地面积约束条件下西宁市适度人口计算

通过绿地面积计算城市人口容量是比较常见的方法(王祥荣,1997;贾建中,2002),根据《城市用地分类与规划建设用地标准》(GB 50137-2011)绿地占城市建设用地 10%~15%,人均绿地不少于 10 m²/人,据此得出人口容量公式如下:

$$P = 100 \times A_L \times c/s \tag{7-5}$$

式中:$P$ 为人口容量,$A_L$ 为中心城市建设用地面积,$c$ 为绿地占城市建设用地比例,$s$ 为人均绿地面积。

西宁市2011年、2015年和2020年人均绿地面积条件下适度人口容量计算采用高、中、低三种方案,居住用地占建设用地面积的12%来计算,适度人口容量高方案中人均绿地面积 $c$ 值取2011年西宁市人均绿地面积 9.5 m²/人;中方案中人均绿地面积 $c$ 值采用2004年国家46个园林城市中北方12座城市人均绿地平均值 28 m²/人的标准;低方案中人均绿地面积 $c$ 值采用46座园林城市人均绿地平均值 34.78 m²/人的标准(潘竟虎等,2008)。

结果显示(表7-5、表7-6),2011年、2015年和2020年人均绿地面积为约束条件下西宁市适度人口容量高方案中,中心城区适度人口容量属于超载,湟中县、湟源县和大通县适度人口容量都存在较大的发展潜力;西宁市适度人口容量中方案下,中心城区适度人口容量也属于超载状态,湟中县、湟源县和大通县适度人口容量存在一定发展空间;西宁市适度人口容量低方案下,中心城区适度人口容量还是属于超载状态,湟中县、湟源县和大通县适度人口容量基本达到饱和。以中方案下适度人口容量作为西宁市适度人口容量,人均绿地面积约束条件下,2011年西宁市中心城区适度人口容量为52.64万人,与2011年西宁市中心城区实际人口数121.19万人相比严重超载,未来适度人口发展空间达到饱和;湟中、湟源和大通三县人口在适度人口范围内,且具有较大发展潜力。

表7-5 2011年、2015年和2020年西宁市人均绿地面积约束下人口容量(万人)

| 年份 | 适度人口容量约束条件 | 中心城区适度人口 | 湟中县适度人口 | 湟源县适度人口 | 大通县适度人口 |
|---|---|---|---|---|---|
| 2011 | 人均绿地面积高方案 | 155.15 | 176.37 | 42.15 | 131.65 |
|  | 人均绿地面积中方案 | 52.64 | 59.84 | 14.30 | 44.67 |
|  | 人均绿地面积低方案 | 43.35 | 49.28 | 11.78 | 36.78 |
| 2015 | 人均绿地面积高方案 | 178.76 | 209.26 | 58.21 | 147.57 |
|  | 人均绿地面积中方案 | 60.65 | 71.00 | 19.75 | 50.07 |
|  | 人均绿地面积低方案 | 49.95 | 58.47 | 16.26 | 41.23 |
| 2020 | 人均绿地面积高方案 | 258.28 | 306.38 | 87.92 | 208.98 |
|  | 人均绿地面积中方案 | 87.63 | 103.88 | 29.83 | 70.90 |
|  | 人均绿地面积低方案 | 72.17 | 85.55 | 24.56 | 58.39 |

表7-6 2011年西宁市实际人口与人均绿地面积约束的适度人口对比(万人)

|  | 中心城区 | 湟中 | 湟源 | 大通 |
|---|---|---|---|---|
| 2011年实际人口 | 121.19 | 44.09 | 13.77 | 43.75 |
| 2011年适度人口 | 52.64 | 59.84 | 14.30 | 44.67 |

## 7.1.4 水资源总量约束的适度人口容量

### 7.1.4.1 西宁市水资源总量

西宁市境内有湟水与黄河两大水系,主要是湟水水系外加一条黄河支流群加河,西宁市地表水资源量为113885万 m³,水资源总量125244万 m³。如表7-7所示,2006—2010年西宁市的总用水量下降,从2006年的8.6107亿 m³降低到2010年的7.01亿 m³,人均综合用水量从2006年的405 m³降低到2010年的317 m³。

表 7-7 2006—2010 年西宁市总用水量

| 年份 | 2006 | 2007 | 2008 | 2009 | 2010 |
|---|---|---|---|---|---|
| 总用水量(亿 m³) | 8.6107 | 7.2293 | 7.5297 | 7.09 | 7.01 |
| 人均综合用水量(m³) | 405 | 336 | 347 | 322 | 317 |

### 7.1.4.2 水资源约束的西宁市适度人口容量计算

水资源人口承载力的计算方法一般是运用"以需定供"原则(谢高地,2005;黄继军,2004),人均用水量指标法是城市用水预测常用的方法,以水资源约束条件人口下适度人口容量计算表达式如下:

$$P = \kappa Wr/Wp \quad (7\text{-}6)$$

式中:$p$ 为水资源人口承载力,$Wr$ 为水资源总量,$k$ 为供水能力系数,计算方法见式(7-7),$Wp$ 为人均综合用水量,计算方法见式(7-8)。

$$k = 供水量/水资源总量 \quad (7\text{-}7)$$
$$Wp = 供水量/人口总量 \quad (7\text{-}8)$$

根据西宁市 2006—2010 年的人均用水量与供水能力系数,基于水资源的适度人口容量与最大人口容量的经验公式为:

$$P = k \times Wr/345 \quad (7\text{-}9)$$
$$P_{\max} = k \times Wr/317 \quad (7\text{-}10)$$

据此,计算西宁市水资源约束的适度人口如表 7-8、表 7-9 所示。

表 7-8 西宁市 2011、2015 和 2020 年水资源约束条件下的适度人口(万人)

| 适度人口 | 水资源约束条件下高方案 | 水资源约束条件下中方案 | 水资源约束条件下低方案 |
|---|---|---|---|
| 2011 年西宁市适度人口 | 221.25 | 203.29 | 173.18 |
| 2015 年西宁市适度人口 | 229.15 | 210.56 | 179.36 |
| 2020 年西宁市适度人口 | 237.05 | 217.82 | 185.55 |

表 7-9 水资源约束条件下适度人口与预测人口比较(万人)

| 年份 | 水资源约束条件下适度人口 | 预测人口 |
|---|---|---|
| 2011 | 203.29 | 220.80 |
| 2015 | 210.56 | 236.13 |
| 2020 | 217.82 | 251.21 |

西宁市历年供水能力系数会发生变化。2011 年水资源供水能力系数为 0.56,以此来计算 2011 年西宁市适度人口容量和最大人口容量。在 2015 年与 2020 年西宁市水资源约束条件下的人口容量计算中,供水能力系数从 1980 年到 2001 年每年平均增加 0.012,结合供水能力系数受科学技术的限制较强综合考虑,将供水能力系数 $k$ 从 2010 年的 0.56 开始,之后每五年增加 0.02 来计算,则 2015 年和 2020 年西宁市供水能力系数分别为 0.58 和 0.6,将 2010 年人均用水量 317 m³ 作为高方案适度人口容量计算中 $Wp$ 的值;将 2006—2010 年西宁市人均用水量的平均值 345 m³ 作为适度人口容量计算中方案中 $Wp$ 的值,将 2006—2010 年西宁市人均用水量的最高值 405 m³ 作为低方案适度人口容量计算中 $Wp$ 的值。

结果显示(表 7-8,表 7-9),水资源约束条件高方案下,西宁市适度人口容量发展潜力不大;中方案下西宁市适度人口超载;低方案下西宁市适度人口容量严重超载。以中方案为西宁市水资源约束下的适度人口,即 2011 年西宁市水资源适度人口容量为 203.29 万人;2015 年西宁市水资源适度人口容量为 210.56 万人;2020 年西宁市水资源适度人口容量为 217.82 万人,水资源约束条件下的西宁市适度人口容量在现状条件和未来一定时期内超载,未来水资源对西宁市适度人口容量的发展限制逐渐加强。

## 7.2 经济适度人口计算

### 7.2.1 经济适度人口计算方法及模型选择

综合考虑计算结果的可靠性、建模难易程度及建模所需数据的可获得性,西宁市经济适度人口计算方法选择 EOP-MM 模型,计算公式如式(7-11)所示,其原理参见本书 5.1.3 节。

$$P(t) = P(t_0) \times \frac{y(t_0)}{y(t)} \times \left(\frac{P_U(t)}{P_0(t_0)}\right)^{m_1} \times \left(\frac{P_0(t)}{P_0(t_0)}\right)^{m_2} \times \left(\frac{SHL(t)}{SHL(t_0)}\right)^{m_3} \times \left(\frac{\theta_1(t)}{\theta_1(t_0)}\right)^{\frac{L_s}{L}} \times \prod_{i=1}^{3} \left(\frac{X_i(t)}{X_i(t_0)}\right)^{D_i}$$

(7-11)

式中:$P(t)$ 为预测期的合理人口规模,$y(t_0)$ 为基期的人均 GDP,$y(t)$ 为预测期的人均 GDP,$P_u(t)$ 为预测期的未成年人口,$P_0(t)$ 为预测期老年人口,$P_0(t_0)$ 表示基期的老年人口,$SHL(t_0)$ 为基期的劳动适龄人口,$SHL(t)$ 为预测期的劳动适龄人口,$\theta_1(t_0)$ 与 $\theta_1(t)$ 分别代表基期与预测期的适龄人口中在业人口占人力资源总量,$m_1$、$m_2$ 和 $m_3$ 分别表示未成年、老年、适龄的就业人口占经济活动人口的比率,$D_i$ 表示一、二、三产业占 GDP 的比重,$X_i(t_0)$ 与 $X_i(t)$ 分别代表基期与预测期三次产业的劳动生产率。

### 7.2.2 西宁市 EOP-MM 模型参数赋值与计算

(1)$P(t)$ 为预测期的合理人口规模,$y(t)$、$y(t_0)$ 为预测期与基期的人均 GDP,研究区以 2005 年为基准年,预测年份为 10 年。

(2)$P_U(t)$ 为预测期的未成年人口,本书中以 0~14 岁的人口为标准;$P_0(t)$、$P_0(t_0)$ 为预测期与基期老年人口,本书中以 65 岁以上人口为老年人口标准、$SHL(t)$、$SHL(t_0)$ 为预测期与基期的劳动适龄人口,以 15~64 岁人口为标准。

(3)$\theta_1(t_0)$ 与 $\theta_1(t)$ 分别代表基期与预测期的适龄人口中在业人口占人力资源总量的比例;$X_i(t_0)$ 与 $X_i(t)$ 分别代表基期与预测期三次产业的劳动生产率,分别表达为 $X_1$、$X_2$、$X_3$,表达式如下:

$$X_i = 某种产业产值 / 该种产业的就业人数$$

(7-12)

(4)经济活动人口:

$$L(t) = 就业人口数量 + 失业人口数量$$

(7-13)

(5)$m_1$、$m_2$、$m_3$ 分别表示未成年人占经济活动人口总量的比率、老年人口占经济活动人口总量比率和劳动适龄人口占经济活动人口总量的比率。

根据我国法律关于未成年人务工的规定,不允许雇佣未成年人,由于研究区内部分地区经济发展比较落后观念比较陈旧,有部分在外务工的未成年人,目前西宁市对于该项数据没有统计,故将 $m_1 = 0$,公式(7-11)中$(P_U(t)/P_0(t_0))^{m_1}$ 项为 1,则 $m_3 = 1 - m_2$,由于没有对西宁市老年人就业人口进行统计的数据,老年人在业人口占经济活动人口的比率按照中国 65 岁以上在业人口占全国经济活动人口的比重计算。

(6)对于 EOP-MM 模型中所涉及的变量的预测,运用 2000—2010 年的数据统计资料(表 7-10～表 7-13),建立灰色系统 GM(1,1)模型,对相关经济参数进行预测。建立的模型如表 7-10 所示。

表 7-10  EOP-MM 模型中所涉及变量的预测模型

| 变量名称 | EOP-MM 模型变量预测模型 | 模型检验结果 |
| --- | --- | --- |
| 第一产业劳动生产率 $X_1(t)$ | $X_1(t) = 19071.11879 \, e^{0.186091 \, t} - 16182.39779$ | 经检验,$C=0.2365$ $P=1$,模型精度较好 |
| 第二产业劳动生产率 $X_2(t)$ | $X_2(t) = 292643.560186 \, e^{0.148094 \, t} - 252896.120186$ | 经检验,$C=1.1349$, $P=1$,预测结果较好 |
| 第三产业劳动生产率 $X_3(t)$ | $X_3(t) = 168848.063543 \, e^{0.14339 \, t} - 138471.323543$ | 经检验,$C=0.0997$, $P=1$,预测结果较好 |
| 第一产业比重 $D_1(t)$ | $D_1(t) = 234.731554 \, e^{-0.018043 \, t} + 239.521554$ | 经检验,$C=0.3892$ $P=1$,预测结果较好 |
| 第二产业比重 $D_2(t)$ | $D_2(t) = 3501.3581484 \, e^{0.1375 \, t} - 3456.14818$ | 经检验,$C=0.3798$ $P=1$,预测结果较好 |
| 第三产业比重 $D_3(t)$ | $D_3(t) = -3528.384862 \, e^{-0.013515 \, t} + 3578.384862$ | 经检验,$C=0.4852$, $P=0.8$,预测结果好 |
| 人均 GDP:$GDP/P(t)$ | $y = 71901.184856 \, e^{0.17395 \, t} - 60293.161656$ | 经检验,$C=0.1084$ $P=1$,预测结果较好 |

表 7-11  西宁市 2005—2020 年三次产业产值和比重

| 年份 | 第一产业 $Y_1$(亿元) | 比重(%) | 第二产业 $Y_2$(亿元) | 比重(%) | 第三产业 $Y_3$(亿元) | 比重(%) |
| --- | --- | --- | --- | --- | --- | --- |
| 2005 | 11.5 | 4.79 | 108.59 | 45.21 | 120.08 | 50.00 |
| 2006 | 11.86 | 4.10 | 137.86 | 47.70 | 139.30 | 48.20 |
| 2007 | 14.94 | 4.17 | 177.29 | 49.55 | 165.62 | 46.28 |
| 2008 | 19.21 | 4.25 | 231.27 | 51.14 | 201.72 | 44.61 |
| 2009 | 19.18 | 3.83 | 249.34 | 49.76 | 232.55 | 46.41 |
| 2010 | 24.47 | 3.90 | 320.76 | 51.05 | 283.05 | 45.05 |

表 7-12  西宁市 2005—2010 年西宁市年龄结构

| 年份 | 0～14 岁(万人) | 15～64 岁(万人) | 65 岁以上(万人) |
| --- | --- | --- | --- |
| 2005 | 43.449 | 150.267 | 14.735 |
| 2006 | 40.750 | 154.640 | 17.340 |
| 2007 | 39.840 | 158.260 | 17.260 |
| 2008 | 39.572 | 159.553 | 18.665 |
| 2009 | 39.800 | 162.685 | 18.015 |
| 2010 | 37.532 | 166.726 | 16.613 |

表 7-13　西宁市 2005—2010 年西宁市三次产业劳动生产率

| 年份 | $X_1$ | $X_2$ | $X_3$ | $\sum X_i$ | $X$ | $X/\sum X_i$ |
|---|---|---|---|---|---|---|
| 2005 | 2888.721 | 39747.440 | 24876.740 | 67512.901 | 20811.958 | 0.308 |
| 2006 | 3548.773 | 44745.210 | 25801.070 | 74095.053 | 24447.640 | 0.330 |
| 2007 | 4791.533 | 55909.810 | 28427.740 | 89129.083 | 29537.763 | 0.331 |
| 2008 | 6384.181 | 65478.480 | 34288.630 | 106151.291 | 36397.296 | 0.343 |
| 2009 | 6286.463 | 70177.310 | 39018.460 | 115482.233 | 39881.407 | 0.345 |
| 2010 | 8325.961 | 85331.210 | 46823.820 | 140480.991 | 49303.932 | 0.351 |

利用上述模型对 EOP-MM 模型有关参数进行计算，结果如表 7-14～表 7-16 所示。

表 7-14　西宁市 2005—2020 年西宁市 EOP-MM 模型参数表一

| 年份 | $\theta_1$ | $m_2$ | $m_3$ | $L_s(t)/L(t)$ |
|---|---|---|---|---|
| 2005 | 0.092 | 0.208 | 0.792 | 1.111 |
| 2006 | 0.089 | 0.261 | 0.739 | 1.107 |
| 2007 | 0.089 | 0.269 | 0.731 | 1.108 |
| 2008 | 0.091 | 0.269 | 0.731 | 1.112 |
| 2009 | 0.093 | 0.258 | 0.742 | 1.116 |
| 2010 | 0.095 | 0.215 | 0.785 | 1.119 |
| 2011 | 0.096 | 0.226 | 0.777 | 1.122 |
| 2012 | 0.098 | 0.218 | 0.788 | 1.125 |
| 2015 | 0.103 | 0.194 | 0.822 | 1.135 |
| 2020 | 0.113 | 0.160 | 0.882 | 1.151 |

表 7-15　西宁市 2005—2020 年西宁市 EOP-MM 模型参数表二

| 年份 | $y(t)$ | $P_0(t)$ | $SHL(t)$ | $X_1(t)$ | $X_2(t)$ | $X_3(t)$ |
|---|---|---|---|---|---|---|
| 2005 | 11608.020 | 14.735 | 150.267 | 2888.720 | 39747.440 | 24876.740 |
| 2006 | 13586.240 | 17.340 | 154.640 | 3548.770 | 44745.210 | 25801.070 |
| 2007 | 16616.360 | 17.260 | 158.260 | 4791.530 | 55909.810 | 28427.740 |
| 2008 | 20763.120 | 18.665 | 159.553 | 6384.180 | 65478.480 | 34288.630 |
| 2009 | 22724.260 | 18.015 | 162.685 | 6286.460 | 70177.310 | 39018.460 |
| 2010 | 28445.690 | 16.613 | 166.726 | 8325.960 | 85331.210 | 46823.820 |
| 2011 | 33506.080 | 17.375 | 169.141 | 9890.690 | 97951.550 | 45002.940 |
| 2012 | 39969.690 | 17.308 | 172.189 | 11913.650 | 113586.720 | 51972.830 |
| 2015 | 67850.390 | 17.108 | 181.666 | 20820.880 | 177123.530 | 80053.950 |
| 2020 | 163903.510 | 16.780 | 198.635 | 52794.600 | 371413.270 | 164459.930 |

表 7-16　西宁市 2005—2020 年西宁市 EOP-MM 模型参数表三

| 年份 | $D_1$ | $D_2$ | $D_3$ | $m_2$ | $m_3$ | $L_s(t)/L(t)$ | $P(t)$(万人) |
|---|---|---|---|---|---|---|---|
| 2005 | 0.048 | 0.452 | 0.500 | 0.208 | 0.792 | 1.019 | — |
| 2006 | 0.041 | 0.477 | 0.482 | 0.261 | 0.739 | 1.018 | 205.38 |
| 2007 | 0.042 | 0.496 | 0.463 | 0.269 | 0.731 | 1.018 | 208.88 |

续表

| 年份 | $D_1$ | $D_2$ | $D_3$ | $m_2$ | $m_3$ | $Ls(t)/L(t)$ | $P(t)$(万人) |
|---|---|---|---|---|---|---|---|
| 2008 | 0.043 | 0.511 | 0.446 | 0.269 | 0.731 | 1.018 | 210.72 |
| 2009 | 0.038 | 0.498 | 0.464 | 0.258 | 0.742 | 1.018 | 219.27 |
| 2010 | 0.039 | 0.511 | 0.451 | 0.215 | 0.785 | 1.020 | 213.42 |
| 2011 | 0.038 | 0.519 | 0.443 | 0.226 | 0.777 | 1.122 | 203.20 |
| 2012 | 0.038 | 0.527 | 0.437 | 0.218 | 0.788 | 1.125 | 220.88 |
| 2015 | 0.036 | 0.549 | 0.419 | 0.194 | 0.822 | 1.135 | 228.52 |
| 2020 | 0.033 | 0.588 | 0.392 | 0.160 | 0.882 | 1.151 | 243.33 |

### 7.2.3 西宁市经济适度人口计算结果分析

计算过程中运用的数据是《西宁统计年鉴》中的常住人口,不包括机械变动人口,由于统计部门对流动人口的变动情况存在一定的误差,不能特别准确把握,所以计算结果存在一定的误差,但是计算结果误差还在可以接受的范围内。通过运用人口规模、人口结构、劳动生产率、就业结构等数据,采用EOP-MM模型对西宁市的经济适度人口容量进行计算并预测,结果如表7-17显示,2006—2010年来经济适度人口与实际人口规模是不相对应的,经济适度人口规模要小于实际人口规模,并在未来一定时间段内继续保持这种状态,这也表明了现状与未来一段时间内产业结构、人口结构与就业结构之间的分布是不合理的,还需调整。

表7-17 2006—2020年西宁市经济适度人口与城市人口预测规模比较(万人)

| 年份 | 经济适度人口$P(t)$ | 模型预测值 | 差值 |
|---|---|---|---|
| 2006 | 205.38 | 212.73 | 7.35 |
| 2007 | 208.89 | 215.36 | 6.47 |
| 2008 | 210.72 | 217.79 | 7.07 |
| 2009 | 219.27 | 220.50 | 1.23 |
| 2010 | 213.42 | 220.87 | 7.45 |
| 2011 | 203.20 | 222.80 | 19.60 |
| 2012 | 220.89 | 227.78 | 6.89 |
| 2015 | 228.53 | 235.56 | 7.03 |
| 2020 | 243.34 | 249.76 | 6.42 |

## 7.3 基于"短板效应"的西宁市适度人口容量

运用西宁市城市建设用地面积、人均居住面积、绿地面积和人口结构、劳动生产率等约束条件,计算出西宁市2011年、2015年和2020年的城市建设用地面积约束条件下适度人口容量、人均居住面积适度人口容量和基于人均绿地面积条件下生态环境适度人口容量、水资源适度人口容量和经济适度人口容量。根据"短板效应",城市适度人口容量的短板是最限制适度人口容量的要素。将五种约束条件下计算出的最小数值作为西宁市适度人口容量的短板,从而选出西宁市人口发展过程中的限制要素。

根据本章7.1及7.2节的原理,计算得出不同时间段内不同要素约束的西宁市适度人口容量如表 7-18、表 7-19 所示。

表 7-18　2011、2015 和 2020 年城市用地空间约束的西宁市适度人口容量(万人)

| 年份 | 适度人口容量约束条件 | 中心城区适度人口 | 湟中县适度人口 | 湟源县适度人口 | 大通县适度人口 |
| --- | --- | --- | --- | --- | --- |
| 2011 | 城市建设用地 | 122.83 | 139.63 | 33.37 | 104.22 |
|  | 人均居住用地 | 131.02 | 148.94 | 35.59 | 111.17 |
|  | 人均绿地用地 | 58.96 | 67.02 | 16.02 | 50.03 |
| 2015 | 城市建设用地 | 141.52 | 165.66 | 46.08 | 116.83 |
|  | 人均居住用地 | 150.95 | 176.70 | 49.15 | 124.62 |
|  | 人均绿地用地 | 67.93 | 79.52 | 22.12 | 56.08 |
| 2020 | 城市建设用地 | 153.35 | 181.79 | 52.2 | 124.08 |
|  | 人均居住用地 | 163.57 | 193.91 | 55.68 | 132.35 |
|  | 人均绿地用地 | 73.61 | 87.26 | 25.06 | 59.56 |

表 7-19　2011、2015 和 2020 年水资源和经济条件下西宁市适度人口容量(万人)

| 年份 | 2011 | 2015 | 2020 |
| --- | --- | --- | --- |
| 水资源约束条件下适度人口 | 203.29 | 210.56 | 217.82 |
| 经济、社会条件下适度人口 | 203.20 | 228.53 | 243.34 |

根据"短板原理",现阶段限制西宁市适度人口发展的最短板要素为人均绿地面积,其次为水资源,最后为经济社会发展要素。在未来一定时期内,西宁市适度人口容量的最短板会逐渐演变为水资源,水资源量将成为城市人口容量发展的最限制要素。西宁市市区和三县中适度人口容量发展过程中,湟中、湟源和大通三县的适度人口容量的发展潜力比西宁市中心城区大。将西宁市建设用地条件下中心城区适度人口容量与兰州市(潘竟虎等,2008)中心城市适度人口容量相比较发现,西宁市中心城区适度人口容量在一定时间段内存在发展空间。

## 7.4　西宁市适度人口容量计算结果与讨论

### 7.4.1　结论

(1)在建设用地约束下,采用不同密度的人口集聚方案,西宁市适度人口容量情形如下:

在高集聚密度方案下,即采用人均建设用地 75 m²/人的标准,西宁市中心城区(包括城东区、城西区、城北区、城中区)、湟中县、湟源县和大通县适度人口容量都存在一定的发展潜力,人口承载未饱和;

在中集聚密度方案下,根据建设部《城市用地分类与规划建设用地标准》中提出的节约资源、紧凑发展、实行"精明增长"原则,采用 1 万人/km² 的宜居型城市用地标准,中心城区适度人口容量发展空间不大,人口承载基本饱和;湟中、湟源和大通三县存在较大的发展空间;

在低集聚密度方案下,西宁市适度人口容量计算低方案下,采用城市建设用地面积上限 150 m²/人的标准,西宁市(四区及三县)适度人口容量都达到饱和。

(2)在居住用地约束下,采用不同的人均居住用地标准,西宁市适度人口容量情形为:

高方案中,中心城区、湟中县、湟源县和大通县适度人口容量都存在较大的发展潜力;西宁市适度人口容量中方案下,中心城区、湟中县、湟源县和大通县中,中心城区适度人口容量发展空间不大,湟中、湟源和大通三县存在较大的发展空间;西宁市适度人口容量低方案下,中心城区、湟中县、湟源县和大通县适度人口容量都达到饱和。

总之,在用地空间的约束下,西宁市三县的人口承载潜力大于西宁市市区人口承载潜力。

(3)在水资源约束下,采用高方案下,西宁市适度人口容量发展潜力不大;中方案下西宁市适度人口超载;低方案下西宁市适度人口容量严重超载。

(4)从经济适度人口容量来看,实际人口规模低于经济适度人口规模,说明劳动力规模不足,就业压力不大,存在一定的劳动力输入缺口。

(5)从"短板效应"来看,水资源和用地空间是西宁市未来经济发展的主要限制因素,水资源是短板。

## 7.4.2 讨论

(1)在适度人口容量的计算中,建设用地的数据是依据西宁市土地利用规划部门的相关专题规划来确定的,而不管哪类规划,在具体执行过程中都存在不同程度的变数和不确定性,建设用地的数量有可能增加。同时,人均建设用地标准在具体城市建设过程中也有可能发生改变,这些都是用地空间约束的适度人口容量的不确定性因素,对计算结果有一定影响。

(2)水资源约束的适度人口容量也存在不确定性,特别是全球气候变化导致的降水及地表径流的变化存在一定的不确定性。此外,在水资源特别缺乏的情况下,还有人工调水的可能性,这些因素构成了水资源约束的适度人口容量的不确定性,影响到计算结果的准确性。

(3)经济要素本身的复杂性和多变性决定了经济相关预测不准确性,增加了难度。城市经济适度人口主要取决于国内宏观经济形势,国内宏观经济形势又直接受国际经济环境的影响。对于西宁市未来相关经济参数的确定是基于过去(最近五年)经济发展形势及就业情况的基本数据进行计算,未考虑未来国际及国内经济形势发生较大变化的情形。

# 第8章
# 提高西宁市人口容量对策及建议

  本书从城市人口与资源环境可持续发展的视角,对城市适度人口容量的原理、影响因素及测度方法进行了探讨,结论如下。

  (1)从西宁市适度人口容量的情景分析来看,如果采取高方案和中方案,未来西宁市有一定的人口承载潜力,特别是三个市辖县有较大潜力,但不论哪个方案,西宁市区潜力不大。因此,在未来城市化策略及人口发展战略中,要适度地考虑发展西宁周边的中小城镇,为引导人口的有序转移做好前期准备。

  (2)大力发展循环经济和清洁生产,积极提倡和鼓励低碳经济及绿色环保的生活方式,努力提高自然的利用效率和环境的承载力。特别是对于干旱地区的河谷型城市,不论是大气环境容量及水环境容量都十分有限,如果污染控制不严,不仅对人们的身体健康造成威胁,而且有可能直接导致生态赤字人口的大量出现。反之,通过增加环境资源的承载力,却可以直接增加生态的适度人口,提高环境资源的人口承载力,直接减少生态的赤字人口。实现的途径有三个。首先,可通过提高技术水平来实现。其次,引导居民树立正确的消费观念,反对过度浪费、消费,提高相对生态承载力,增加适度人口容量。第三,提高人口的素质。一方面可以降低人口的出生率,控制人口的出生数量;另一方面可以提高劳动的效率,增加生态承载力,减少生态赤字人口,实现良性循环。

  (3)建立环境危机预警机制。建立城市间或者流域内联合预警预报体系,对重大区域性污染源信息实施联合通报;全面实施污染物排放总量控制,加强环境监管,全力避免污染事故和环境安全事故的发生。建立水资源危机预警机制。建立新建项目的水资源论证制度,将它作为项目审批、核准和开工建设的前置条件;健全以降低城市水的点源、面源污染为核心的水源安全保障体系;以管网安全运营和提高供水保障能力为中心的供水安全保障体系。建立灾害与风险预警及应急机制。建立突发事件管理系统,缩短发现事件、响应事件、清除事件所需的时间,提高解决突发事件的有效性,最短时间内恢复城市功能。建立地下水监测、地下空间利用与城市地基安全预警机制。随着城市地下空间的开发利用和地下水的过度开采,潜在风险加大,有必要建立地下水位下降、地基沉降等预警与应急机制。此外,还应完善最严格的耕地保护制度、水资源管理制度、环境保护制度等。

  (4)加快城乡一体化建设步伐,尽快缩小城乡差距,做到城乡优势互补。目前,西宁市区基础设施建设基础好,经济发展水平高,但生态承载力基础弱,而市辖县生态承载力要远好于中心城区，但城市基础设施条件差，经济发展水平低。加强地区联系，合理划分区域功能，做到优势互补，城乡融合，优化布局。

（5）随着城市规模扩大，城市内部结构越来越复杂，城市人口资源环境系统也越来越脆弱，某个突发事件就有可能带来连锁反应和灾难性后果，**因而提高城市规划和管理水平，增强危机意识、建立预警机制，是城市高效安全运行的重要保障**，从长期来看，有必要建立人口承载力预警机制。

# 参考文献

阿尔弗雷·索维. 1983. 人口通论(上)[M]. 北京:商务印书馆.
百度百科. 系统论[EB/OL]. http://baike.baidu.com/view/62521.htm.
百度百科. 中国古代人口思想[EB/OL]. http://baike.baidu.com/view/1381861.htm.
蔡安乐. 1994. 水资源承载力浅谈:兼谈新疆水资源适度承载力研究中应注意的几个问题[J]. 新疆环境保护,(4):190-196.
常斌,熊利亚,侯西勇,等. 2007. 基于空间的生态足迹与生态承载力预测模型——以甘肃省河西走廊地区为例[J]. 地理研究,26(5):940-948.
车越,张明成,杨凯. 2006. 基于 SD 模型的崇明岛水资源承载力评价与预测[J]. 华东师范大学学报(自然科学版),(11):68-74.
陈百明. 1988. 中国土地资源的人口承载能力[J]. 中国科学院院刊,3(3):260-267.
陈百明. 1991. 中国土地资源生产能力及人口承载量研究方法论概述[J]. 自然资源学报,6(3):197-205.
陈成忠,林振山. 2009. 中国人均生态足迹和生物承载力构成的变动规律[J]. 地理研究,28(1):129-142.
陈家华,文宇翔,李大鹏. 2002. 有关区域合理人口规模定量研究方法的讨论[J]. 人口研究,26(3):26-32.
陈娟,李景保,卿雄志. 2010. 湖南"3+5"城市群城市综合承载力评价[J]. 鲁东大学学报(自然科学版),(3):69-74.
陈孟熙. 2003. 经济学说史教程[M]. 北京:中国人民大学出版社.
陈南祥,班培莉,张卫兵. 2008. 基于极大熵原理的水资源承载力模糊评价[J]. 灌溉排水学报,27(1):57-60.
陈卫,孟向京. 2000. 中国人口容量与适度人口问题研究[J]. 市场与人口分析,6(1):21-31.
陈幼其. 1982. 试论魁奈的人口思想[J]. 人口学刊,(4):25-27.
陈正. 2005. 陕西省人口承载力与适度人口定量研究[J]. 统计与信息论坛,(6):37-41.
程恩富. 1996. 新中国的经济变迁与趋势定位——与张五常先生商榷之三[J]. 学术月刊,(5):45-52.
程国栋. 2002. 承载力概念的演变及西北水资源承载力的应用框架[J]. 冰川冻土,24(4):361-387.
程丽莉,吕成文,胥国麟. 2006. 安徽省土地资源人口承载力的动态研究[J]. 资源开发与市场,22(4):318-320.
仇保兴. 2003. 集群结构与我国城镇化的协调发展[J]. 城市规划,27(6):5-10.
仇保兴. 2004. 论五个统筹与城镇体系规划[J]. 城市规划,28(1):8-16.
崔凤军,杨永慎. 1997. 泰山旅游环境承载力及其时空分异特征与利用强度研究[J]. 地理研究,16(4):47-55.
崔凤军. 1995. 环境承载力初探[J]. 中国人口·资源与环境,(5):80-84.
崔功豪,魏清泉,刘科伟. 2006. 区域分析与区域规划[M]. 北京:高等教育出版社.
代富强,李新运,郑新奇. 2006. 城市适度人口规模的"可能—满意度"(P-S)分析[J]. 山东师范大学学报(自然科学版),**21**(1):104-106.

德内拉·梅多斯,乔根·兰德斯,丹尼斯·梅多斯. 1983. 增长的极限[M]. 李宝恒, 译. 成都:四川人民出版社.

邓聚龙. 1989. 多维灰色规划[M]. 武汉:华中理工大学出版社.

邓聚龙. 1987. 灰色系统基本方法[M]. 武汉:华中理工大学出版社.

邓伟. 2010. 山区资源环境承载力研究现状与关键问题[J]. 地理研究,**29**(6):959-969.

丁金宏. 2010. 论城市人口容量的存在性与方法论[M]//周尚意,刘卫东,柴彦威. 地理学评论(第2辑). 北京:商务印书馆:94-96.

董雯,张小雷,雷军,等. 2006. 新疆小城镇人口规模预测[J]. 干旱区地理,**29**(3):427-430.

董晓峰,魏彦强. 2009. 中国中西部河谷型城市人口容量研究——以典型河谷型城市兰州为例[J]. 干旱区资源与环境,**23**(3):1-7.

方国华,胡玉贵,徐瑶. 2006. 区域水资源承载能力多目标分析评价模型及应用[J]. 水资源保护,**22**(6):9-13.

冯发林. 2007. 湘江流域水资源承载力初步研究[D]. 长沙:湖南师范大学资源与环境科学学院.

冯尚友,刘国全. 1997. 水资源持续利用的框架[J]. 水科学进展,**8**(4):301-307.

冯尚友. 2000. 水资源持续利用与管理导论[M]. 北京:科学出版社.

冯蔚东,贺国光,马寿峰. 1997. 一种新的城市人口规模演化模型——分支模型研究[J]. 系统工程理论与实践,(9):71-79.

傅鸿源,胡众. 2009. 城市综合承载力研究综述[J]. 城市问题,(5):27-31.

高更和,刘长运. 1998. 河南省经济适度人口研究[J]. 南都学坛(哲学社会科学版),(2):76-79.

高红丽,涂建军,杨乐. 2010. 城市综合承载力评价研究——以成渝经济区为例[J]. 西南大学学报(自然科学版),**32**(10):148-152.

高吉喜. 1999. 区域可持续发展的生态承载力研究[D]. 北京:中国科学院地理科学与资源研究所.

高建昆. 2010. 适度人口问题研究综述[J]. 管理学刊(哲学社会科学版),**23**(1):57-61.

高晓路,陈田,樊杰. 2010. 汶川地震灾后重建地区的人口容量分析[J]. 地理学报,**65**(2):164-176.

高云虹. 2003. 中国城市化动力机制分析[J]. 广东商学院学报,**68**(3):4-8.

耿福明. 2007. 区域水资源承载力分析及配置研究[D]. 南京:河海大学水文水资源学院.

顾晓薇,李广军,王青,等. 2005. 高等教育的生态效率——大学校园生态足迹[J]. 冰川冻土,**27**(3):418-425.

郭秀锐,毛显强. 2000. 中国土地承载力计算方法研究综述[J]. 地球科学进展,**15**(6):705-711.

郭秀锐,杨居荣,毛显强. 2003. 城市生态足迹计算与分析——以广州市为例[J]. 地理研究,**22**(5):654-662.

郭志伟. 2008. 北京市土地资源承载力综合评价研究[J]. 城市发展研究,**15**(5):24-30.

何希吾. 2000. 水资源承载力. 参见孙鸿烈主编,中国资源百科全书[M]. 北京:中国大百科全书出版社,石油大学出版社.

洪阳,叶文虎. 1998. 可持续环境承载力的度量及其应用[J]. 中国人口资源与环境,**8**(3):54-58.

侯德劭. 2008. 城市交通承载力研究[D]. 上海:同济大学.

胡鞍钢. 1989. 人口与发展:中国人口经济问题的系统研究[M]. 杭州:浙江人民出版社.

胡保生,王浣尘,朱楚珠,等. 1981. 利用可能度和满意度研究我国的总人口目标[C]. 第三次全国人口科学讨论会论文集.

胡焕庸,张善余. 1984. 中国人口地理(上册)[M]. 上海:华东师范大学出版社:198-199.

胡科,石培基. 2009. 区域研究中常用的人口模型[J]. 西北人口,**30**(1):94-98.

黄汉权. 2010. 必须重视城市化速度与城市承载能力的协调发展[J]. 中国经贸导刊,(5):33.

黄继军,王红艳. 2004. 城市需水量预测需注意的几个问题[J]. 城市规划,**28**(5):80-82.

惠泱河,蒋晓辉,黄强,等. 2001. 二元模式下水资源承载力系统动态仿真模型研究[J]. 地理研究,**20**(2):191-198.

惠泱河,蒋晓辉,黄强,等. 2001. 水资源承载力评价指标体系研究[J]. 水土保持通报,**21**(1):30-34.
贾建中. 2002. 城市绿地规划设计[M]. 北京:中国林业出版社:19-22.
贾嵘,薛惠峰,解建仓,等. 1998. 区域水资源承载力研究[J]. 西安理工大学学报,**14**(4):382-387.
贾绍凤. 2000. 开发条件下的区域人口承载力[J]. 市场与人口分析,(6):7-14.
姜文超. 2004. 城镇地区水资源(极限)承载力及其量化方法与应用研究[D]. 重庆:重庆大学.
姜忠军. 1995. GM(1,1)模型及其残差修正技术在土地承载力研究中的应用[J]. 系统工程理论与实践,(5):72-78.
蒋莉,陈治谏,沈兴菊,等. 2004. 兰州大学(盘旋路校区)2003年生态足迹调查分析[J]. 地理与地理信息科学,**21**(2):82-85.
焦文献,徐中民,尚海洋,等. 2006. 基于ImPACT等式的人类活动环境影响分析[J]. 冰川冻土,**28**(5):748-754.
卡尔·桑德斯. 1922. The Population Problem:A Study in Human Evolution[M]. 英国伦敦克拉拉伦登出版社.
坎南. 财富论[M]. 1928年英文版,第41页.
坎南. 基础政治经济学[M]. 1888年英文版,第22页.
坎南. 经济理论评论[M]. 1930年英文版,第82页.
赖红松,祝国瑞,董品杰. 2004. 基于灰色预测和神经网络的人口预测[J]. 经济地理,(2):197-201.
雷学东,陈丽华,余新晓,等. 2004. 区域水资源承载力研究现状与发展趋势[J]. 水资源与水工程学报,**15**(3):10-14.
李波. 关于资源、能源、环境、交通、水资源等城市综合承载能力的研究[EB/OL]. http://www.qda.gov.cn/Files/DownLoad/1105060927503842.doc. 2010-11-09.
李丹霞. 2008. 陕西省适度人口研究[D]. 西安:西北大学.
李定邦,金艳. 2005. 基于生态足迹模型的家庭资源消费可持续性研究[J]. 华东理工大学学报(社会科学版),(2):39-44.
李东序,赵富强. 2008. 城市综合承载力结构模型与耦合机制研究[J]. 城市发展研究,**15**(6):37-42.
李广. 2002. 黑龙江省国有林区人口承载力问题研究[D]. 哈尔滨:东北林业大学.
李侃帧,童木勤,称同升. 2003. 南京主城区人口合理容量研究[J]. 城市规划,**27**(5):68-70.
李令跃,甘泓. 2000. 试论水资源合理配置和承载能力概念与可持续发展之间的关系[M]. 水科学进展,**11**(3):307-313.
李振福. 2004. 城市交通系统的人口承载力研究[J]. 北京交通大学学报,**3**(4):76-80.
李振福. 2003. 长春市城市人口的Logistic模型预测[J]. 吉林师范大学学报(自然科学版),(1):19-22.
刘秉正. 1994. 非线性动力学与混沌基础[M]. 长春:东北师范大学出版社:175-178.
刘树锋,陈俊合. 2007. 基于神经网络理论的水资源承载力研究[J]. 资源科学,**29**(1):99-105.
刘晓丽,方创琳. 2008. 城市群资源环境承载力研究进展及展望[J]. 地理科学进展,**27**(5):35-42.
刘燕华. 2000. 柴达木盆地水资源合理利用与生态环境保护[M]. 北京:科学出版社.
刘铮. 1986. 人口学辞典[Z]. 北京:人民出版社.
刘铮. 1981. 试论人类自身生产与物质资料生产相适应[J]. 中国社会科学,(3):56-57.
龙爱华,张志强,苏志勇. 2004. 生态足迹评介及国际研究前沿[J]. 地球科学进展,**19**(6):972-981.
龙志和,任通先,李敏,等. 2010. 广州市城市综合承载力研究[J]. 科技管理研究,(5):204-207.
吕斌,孙莉,谭文垦. 2008. 中原城市群城市承载力评价研究[J]. 中国人口·资源与环境,**27**(3):16-20.
吕光明,何强. 2009. 可持续发展观下的城市综合承载能力研究[J]. 城市发展研究,**16**(4):157-159.
马尔萨斯. 2008. 人口论[M]. 郭大力,译. 北京:北京大学出版社.
马强,徐循初. 2004. "精明增长"策略与我国的城市空间扩展[J]. 城市规划汇刊,(3):16-22.

马寅初. 1979. 新人口论[M]. 北京:北京出版社.
毛志峰. 2011. 基于 EOP-MM 模型的湖南省适度人口规模研究[D]. 长沙:湖南师范大学.
毛志峰. 1995. 适度人口与控制[M]. 西安:陕西人民出版社.
穆光宗. 2000. "适度人口思想"的反思和评论[J]. 开放时代,(3):78-85.
倪师军,魏伦武,张成江,等. 2006. 城市地质环境风险性分区评价体系[J]. 地质通报,25(11):1279-1286.
宁越敏. 1998. 新城市化进程——90 年代中国城市化动力机制和特点探讨[J]. 地理学报,53(5):470-477.
牛文元. 2012. 2012 中国新型城市化报告[M]. 北京:科学出版社.
牛文元. 2012. 中国可持续发展的理论与实践[J]. 中国科学院院刊,27(3):280-289.
欧朝敏,刘仁阳. 2009. 长株潭城市群城市综合承载力评价[J]. 湖南师范大学自然科学学报,32(3):108-112.
潘纪一. 1988. 人口生态学[M]. 上海:复旦大学出版社.
潘竟虎,董晓峰. 2008. 兰州市中心城区适度人口测算分析[J]. 西北人口,3(29):50-54.
彭松建. 1984. 评坎南的适度人口理论[J]. 经济科学,(5):64-68.
彭希哲. 2004. 生态足迹与区域生态适度人口——以西部 12 省市为例[J]. 市场与人口分析,(4):9-15.
彭真怀. 新型城镇化要敢于谈真问题[EB/OL]. http://city.ifeng.com/cspl/20130408/359044.shtml.
曲格平,李金昌. 1992. 中国人口与环境[M]. 北京:中国环境科学出版社.
山鹿诚次. 1986. 城市地理学[M]. 朱德泽译,武汉:湖北教育出版社.
尚海洋,马忠,焦文献,等. 2006. 甘肃省城镇不同收入水平群体家庭生态足迹计算[J]. 自然资源学报,21(3):408-416.
沈清基. 1994. 城市人口容量问题的探讨[J]. 同济大学学报(人文社会科学版),(S1):17-22.
施雅风,曲耀光. 1992. 乌鲁木齐河流域水资源承载力及其合理利用[M]. 北京:科学出版社.
石培基,祝璇. 2007. 甘肃省人口预测与可持续发展研究[J]. 干旱区资源与环境,(9):1-5.
石忆邵,尹昌应,王贺封,等. 2013. 城市综合承载力的研究进展及展望[J]. 地理研究,32(1):133-145.
宋圭武. 2003. 试论道德农业[J]. 农业现代化研究,24(2):129-132.
宋健,宫锡芳,宋子成,等. 1981. 中国理想人口的定量研究和优化分析[C]. 第三次全国人口科学讨论会论文集.
苏绮,成升魁,谢高地. 2001. 大城市居民生活消费的生态足迹初探——对北京、上海的案例研究[J]. 资源科学,23(6):25-29.
孙本文. 八亿人口是我国最适宜的人口数量[N]. 文汇报,1957 年 5 月 11 日.
孙中和. 2001. 中国城市化基本内涵与动力机制研究[J]. 财经问题研究,(11):38-43.
谭波. 2010. 长株潭城市群土地综合承载力评价研究[D]. 长沙:湖南师范大学.
谭文垦,石忆邵,孙莉. 2008. 关于城市综合承载能力若干理论问题的认识[J]. 中国人口·资源与环境,18(1):40-44.
汤兆云. 2005. 1957 年关于人口问题的大讨论[J]. 安徽大学学报(哲学社会科学版),(3):112-116.
田小娟. 2006. 扬州市水资源承载力评价研究[D]. 扬州:扬州大学水利科学与工程学院.
田雪原,陈光玉. 1981. 从经济发展角度探讨适度人口[C]. 第三次全国人口科学讨论会论文集.
童玉芬,刘广俊. 2011. 基于可能—满意度方法的城市人口承载力研究[J]. 吉林大学社会科学学报,51(1):152-157.
童玉芬,齐明珠. 2009. 制约北京市人口承载力的主要因素、问题与对策分析[J]. 北京社会科学,(6):25-31.
童玉芬. 2012. 人口承载力研究的演进、问题与展望[J]. 人口研究,(5):28-35.
汪恕诚. 2001. 水环境承载能力分析与调控[J]. 中国水利,(11):9-12.
汪洋,陈亚宁,陈忠升. 2012. 塔里木盆地北缘人口与经济重心演变及其关联分析[J]. 干旱区地理,35(2):319-323.
王爱民,尹向东. 2006. 城市化地区多目标约束下的适度人口探析——以深圳为例[J]. 中山大学学报(自然科学版),(1):116-120.
王岸柳. 2002. 人口转变论的进一步思考[J]. 人口研究,**26**(6):69-73.
王丹,陈爽. 2011. 城市承载力分区方法研究[J]. 地理科学进展,**30**(5):577-584.
王恩涌,赵荣,张小林. 2000. 人文地理学[M]. 北京:高等教育出版社.
王浩,陈敏建,秦大庸,等. 2003. 西北地区水资源合理配置和承载能力研究[M]. 郑州:黄河水利出版社.
王菊翠,曹明明,仵彦卿. 2006. 预测陕西关中地区需水量的改进 GM(1,1)模型[J]. 干旱区地理,**29**(1):35-41-323.
王军,刘建兴,张素琋,等. 2008. 沈阳市皇姑区中小学生家庭生态足迹[J]. 生态学杂志,**27**(4):657-660.
王军,王青,张素,等. 2007. 沈阳市中小学生个人生态足迹分析[J]. 东北大学学报(自然科学版),**28**(11):1644-1647.
王莉芳,李怡,庄宇. 2007. 水资源承载力评价指标体系及应用研究[J]. 软科学,**21**(6):8-14.
王倩. 2009. 中原城市群土地综合承载力研究[D]. 郑州:河南大学.
王群,章锦河,杨兴柱. 2009. 黄山风景区水生态承载力分析[J]. 地理研究,**28**(4):1105-1114.
王书华,毛汉英. 2001. 土地综合承载力指标体系设计及评价——中国东部沿海地区案例研究[J]. 自然资源学报,**16**(3):248-254.
王书华,毛汉英,王忠静. 2000. 生态足迹研究的国内外近期进展[J]. 自然资源学报,**17**(6):776-782.
王祥荣. 1997. 克拉玛依水、土资源承载力与城市发展对策研究[J]. 上海环境科学,**16**(11):7-9.
王秀云,李亚峰,陶景林. 2012. 论人口与经济发展的关系[J]. 统计与管理,(2):38-39.
威廉·福格特. 1981. 生存之路[M]. 张子美,译. 北京:商务印书馆.
卫振林,申金升,徐一飞. 1997. 交通环境容量与交通环境承载力的探讨[J]. 经济地理,**17**(3):97-99,37.
文宇翔. 2002. 区域适度人口的理论、模型及实证研究[D]. 上海:复旦大学.
邬沧萍. 2006. 人口学学科体系研究[M]. 北京:中国人民大学出版社.
吴瑞君,朱宝树,王大. 2003. 开放型区域经济适度人口的研究方法及其应用[J]. 人口研究,**27**(5):19-24.
吴文恒,牛叔文,何效祖,等. 2006. 西部河谷型城市人口容量研究——以天水市为例[J]. 经济地理,**26**(4):38-41.
吴忠观,刘加强. 1994. 对四川人口容量的初步研究[J]. 财经科学,(1):50-56.
夏海勇. 2002. 城市人口的合理承载量及其测定研究[J]. 人口研究,**26**(1):15-21.
夏军,王中根,左其亭. 2004. 生态环境承载力的一种量化方法研究——以海河流域为例[J]. 自然资源学报,**19**(6):786-794.
夏军,张永勇,王中根,等. 2006. 城市化地区水资源承载力研究[J]. 水利学报,**37**(12):1482-1488.
夏军,朱一中. 2002. 水资源安全的度量:水资源承载力的研究与挑战[J]. 自然资源学报,**17**(3):262-269.
肖炳成. 1990. 试论城市地质环境承载力[J]. 中国地质,(1):19-21.
肖艳秋,杨德刚,唐宏,等. 2012. 塔里木河流域人口—经济分布不均衡性特征分析[J]. 干旱区地理,**35**(2):309-317.
谢高地,周海林,甄霖,等. 2005. 中国水资源对发展的承载能力研究[J]. 资源科学,**27**(4):2-7.
谢强莲. 2009. 两型社会视角下长株潭城市群土地资源承载力研究[D]. 长沙:湖南大学.
徐建华. 2006. 现代地理学中的数学方法[M]. 北京:高等教育出版社:342-347.
徐琳瑜,杨志峰,李巍. 2005. 城市生态系统承载力理论与评价方法[J]. 生态学报,**25**(4):771-777.
徐琳瑜,杨志峰,毛显强. 2003. 城市适度人口分析方法及其应用[J]. 环境科学学报,**5**(3):355-359.
徐勤诗,朱仕朋. 2010. 南宁市经济适度人口与城市发展浅议[J]. 大众科技,(3):184-186.
徐中民,程国栋,张志强. 2001. 生态足迹方法:可持续性定量研究的新方法——以张掖地区 1995 年的生态足迹计算为例[J]. 生态学报,(9):1484-1493.
徐中民,张志强,程国栋. 2000. 甘肃省 1998 年生态足迹计算与分析[J]. 地理学报,**55**(5):607-616.

徐中民,张志强,程国栋,等. 2003. 中国1999年生态足迹计算与发展能力分析[J]. 应用生态学报,**14**(2):280-285.

徐中民,张志强,程国栋. 2010. 可持续发展定量研究的几种新方法评介[J]. 中国人口资源与环境,**10**(4):60-64.

徐中民. 2000. 可持续发展与水资源承载力评价[D]. 兰州:中国科学院寒区旱区环境与工程研究所.

许新宜,金传良,石玉波. 1997. 中国水环境现状与问题[J]. 中国水利,(12):19-20.

许学强,周一星,宁越敏. 1991. 城市地理学[M]. 北京:高等教育出版社.

许有鹏. 1993. 干旱区水资源承载能力综合评价研究——以新疆和田河流域为例[J]. 自然资源学报,**8**(3):229-237.

阎慧臻. 2008. Logistic模型在人口预测中的应用[J]. 大连工业大学学报,**27**(4):333-335.

央视网. 我国超六成城市缺水,年损失两千亿元[EB/OL]. http://news.cctv.com/china/20100322/101362.shtml.

杨开忠,杨咏,陈洁. 2000. 生态足迹分析理论与方法[J]. 地球科学进展,**15**(6):630-636.

杨志峰,胡廷兰,苏美蓉. 2007. 基于生态承载力的城市生态调控[J]. 生态学报,**27**(8):3224-3231.

杨中新. 1981. 柏拉图的人口静止论[J]. 人口学刊,(4):61-63.

杨中新. 1986. 博太罗的人口思想[J]. 人口学刊,(4):61-62.

姚争,冯长春,阚俊杰. 2011. 基于生态足迹理论的低碳校园研究——以北京大学生态足迹为例[J]. 资源科学,**33**(6):1163-1170.

叶文虎,陈国谦. 1997. 三种生产论——可持续发展的基本理论[J]. 中国人口·资源与环境,**7**(2):14-18.

余卫东,闵庆文,李湘阁. 2003. 水资源承载力研究的进展与展望[J]. 干旱区研究,**20**(1):60-66.

袁贵仁. 1996. 马克思的人口学思想[M]. 北京:北京师范大学出版社.

袁伟,楼章华,田娟. 2008. 富阳市水资源承载能力综合评价[J]. 水利学报,**39**(1):103-108.

原新. 1999. 可持续适度人口的理论构想[J]. 人口与经济,(4):36-39.

张得志. 1994. 人口容量研究新动态[J]. 西北人口,(3):61-64.

张丽,董增川,张伟. 2003. 水资源可持续承载能力概念及研究思路探讨[J]. 水利学报,(10):108-118.

张利华,陈钢,徐晓新,等. 2008. 城市人口承载力的理论与实证研究[J]. 管理评论,**20**(5):28-32.

张林波,李文华,刘孝富,等. 2009. 承载力理论的起源、发展与展望[J]. 生态学报,**29**(2):878-888.

张林波. 2007. 城市生态承载理论与方法研究——以深圳为例[D]. 北京:中国科学院地理科学与资源研究所.

张敏如. 1982. 中国人口思想简史[M]. 北京:中国人民大学出版社.

张燕,张喜玲. 2013. 城市人口承载力的研究进展与理论前沿[J]. 国际城市规划,**28**(1):37-43.

张耀军,张正峰,齐晓燕. 2008. 关于人口承载力的几个问题[J]. 生态经济(学术版),(1):388-390.

张瀛,王浣尘. 2002. P-S辅助决策系统的开发与应用[J]. 系统工程理论方法应用,**11**(4):324-329.

张瀛. 2002. P-S辅助决策系统的开发与应用[J]. 系统工程理论方法应用,**11**(4):324-329.

张瀛. 2003. 上海市合理人口规模研究[J]. 管理科学学报,**6**(2):1-11.

张志强,徐中民,程国栋,等. 2001. 中国西部12省(区、市)的生态足迹[J]. 地理学报,**56**(5):599-610.

张志强,徐中民,程国栋. 2000. 生态足迹的概念及计算模型[J]. 生态经济,(10):8-10.

张子珩,濮励杰,康国定,等. 2009. 基于可能-满意度法的城市人口承载力研究[J]. 自然资源学报,**24**(3):457-464.

赵金环,陈建强,郭立智. 2007. Excel在动态GM(1,1)模型预测及检验中的应用[J]. 青岛理工大学学报,**28**(4):69-73.

赵楠,申俊利,贾丽静. 2009. 北京市基础设施承载力指数与承载状态实证研究[J]. 城市发展研究,**16**(4):68-75.

赵新平,周一星. 2002. 改革以来中国城市化道路及城市化理论研究述评[J]. 中国社会科学,(2):132-138.

赵雪雁,刘爱文,李巍,等. 2011. 甘南藏族自治州多模型的人口预测研究[J]. 干旱区资源与环境,25(4):3-10.

中共中央马克思恩格斯列宁斯大林著作编译局. 1980. 马克思恩格斯全集第46卷(下)[M]. 北京:人民出版社:105-106.

中共中央马克思恩格斯列宁斯大林著作编译局. 1971. 马克思恩格斯全集(第20卷,自然辩证法)[M]. 北京:人民出版社:519.

中共中央马克思恩格斯列宁斯大林著作编译局. 1995. 马克思恩格斯选集(第1卷)[M]. 北京:人民出版社:18.

中华人民共和国住房和城乡建设部. 2011. 城市用地分类与规划建设用地标准[M]. 北京:中国建筑工业出版社:53-55.

钟家栋. 1995. 中国现代化进程中的人口理论透视[J]. 复旦学报(社科版),(2):72-76.

钟秀明. 2004. 推进城市化的动力机制研究[J]. 山西财经大学学报,(4):65-67.

周雪松. 2012-9-17(001). 中国城市化机遇与问题并存[N]. 中国经济时报.

周一星. 2003. 城市地理学[M]. 北京:商务印书馆.

周一星. 1992. 论中国城市发展的规模政策[J]. 管理世界,(6):160-165.

朱吉双,张宁. 2008. 城市道路网络承载能力影响因素分析[J]. 交通运输系统工程与信息,8(1):92-97.

朱一中,夏军,王纲胜. 2005. 张掖地区水资源承载力多目标情景决策[J]. 地理研究,24(5):732-740.

朱一中,夏军,谈戈,等. 2002. 关于水资源承载力理论与方法的研究[J]. 地理科学进展,21(2):180-188.

Alexis S. 2000. Establishing the Social Tourism Carrying Capacity for the Tourist Resorts of the East Coast of the Republic of Cyprus[J]. *Tourism Management*,(21):147-156.

Alister M,Geoffrey W. 1982. *Tourism:Economic, Physical, and Social Impacts*[M]. Longman.

Allen W. 1949. Studies in African Land Usage in Northern Rhodesia[Z]. Rhodes Living Stone Papers.

Beaujeu-Garmier J. 1978. *Geography of Population*[M]. 2nd ed. London and New York:Long-man:51-52.

Bernard F E,Thom D J. 1981. Population Pressure and Human Carrying Capacity in Selected Locations of Machakos and Kitui Districts[J]. *Journal of Developing Areas*,15(3):381-406.

Bizien A Y. 1979. *Population and Economic Development*[M]. Praeger Publ.

Brian Hayden. 1975. The Carrying Capacity Dilemma:An Alternate Approach [J]. Memoirs of the Society for American Archaeology,Population Studies in Archaeology and Biological Anthropology:A Symposium,(30):11-21.

Buckley R. 1999. An Ecological Perspective on Carrying Capacity [J]. *Annals of Tourism Research*,26(3):705-708.

Cang Hui. 2006. Carrying Capacity,Population Equilibrium,and Environment's Maximal Load [J]. *Ecological Modelling*,192:317-320.

Catton W R. 1986. Carrying capacity and the limits to freedom[C]. Paper prepared for Social Ecology Session 1,XI World Congress of Sociology. New Delhi,India,18 August 1986.

Catton W R. 1987. The World's Most Polymorphic Species:Carrying Capacity Transgressed Two Ways[J]. *Bioscience*,(37):413-419.

Clarke A L. 2002. Assessing the Carrying Capacity of the Florida Keys[J]. *Journal of Population and Environment*,23(4):405-418.

Cohen J E. 1995. *How Many People Can the Earth Support*[M]. New York:W. W. Norton and Co.

Cohen J E. 1997. Population,Economics,Environmental and Culture:An Introduction to Human Carrying Capacity[J]. *Journal of Applied Ecology*,34:1325-1333.

Daily G C, Ehrlich P R. 1992. Population, Sustainability and Earth's Carrying Capacity[J]. *Bioscience*, **10**:761-771.

Daily G C, Ehrlich P R. 1996. Soci-Economic Equity, Sustainability, and Earth's Carrying Capacity[J]. *Ecological Applications*, **6**(4): 991-1001.

Department of Economic and Social Affairs, Population Division, United Nations. 2011. World Population Prospects: The 2010 Revision[R]. United Nations.

Dondt A A. 1988. Carrying Capacity: A Confusing Concept[J]. *Acta Oecologica/Oceologia C , eneralis*, **9**(4): 337-346.

Ehrlich P R. 1968. *The Population Bomb*[M]. New York: Ballantine Books.

Gilliland M W, Clark B D. 1981. The Lake Tahoe Basin: A Systems Analysis of its Characteristics and Human Carrying Capacity[J]. *Environmental Management*, **5**(5): 397-407.

Hadwen S, Palmer L J. 1922. *Reindeer in Alaska*[M]. U.S. Department of Agriculture Bulletin, **1089**: 1-70.

Hardin G. 1986. Cultural Carrying Capacity: A Biological Approach to Human Problems[J]. *Bioscience*, **36**(9): 599-606.

Hardin G. The Feast of Malthus[J]. *Social Contract*, 1998: 181-187.

Jackson I. 1986. Carrying Capacity for Tourism in Small Tropical Caribbean Islands[J]. *Industry and Environment*, **9**(1): 7-10.

Lewis G J. 1982. *Human Migration: A Geographical Perspective*[M]. London: Croom Helm: 33.

Li Xiaoyan, Shi Zhongke. 2007. Calculation Models of the Urban Traffic Environmental Carrying Capacity [C]. International Conference on Transportation Engineering: 4044-4049.

Lindsay J J. 1984. Use of Natural Recreation Resources and the Concept of Carrying Capacity[J]. *Tourism Recreation Research*, **9**(2): 3-6.

Lindsay J J. 1986. Carrying Capacity for Tourism Development in National Parks of the United States[J]. *Industry & Environment*, **9**(1): 17-20.

Marchetti C. 1979. A Check on the Earth-Carrying Capacity for Man[J]. *Energy*, **4**(6): 1107-1117.

Maserang C H. 1977. Carrying Capacities and Low Population Growth[J]. *Journal of Anthropological Research*, **33**(4): 474-492.

Max Weber. 1966. *The City*[M]. Free Press.

MBA智库百科: 可持续发展[EB/OL]. http://wiki.mbalib.com/wiki.

Meyer P S, Ausubel J H. 1999. Carrying Capacity: A Model with Logistically Varying Limits[J]. *Technological Forecasting and Social Change*, **61**(3): 209-214.

Mill J S. 1917. *Principles of Political Economics with Some of Their Applications to Social Philosophy* [M]. New ed. By W. J. Ashley, London.

Notestein F W. 1945. Population: The Longview, in T Schuhz(Eds.), Food for the Worm[M]. Chicago: University of Chicago Press.

Odum E P. 1953. *Fundamentals of Ecology*[M]. Philadelphia: W. B. Saunders.

Oh K, Jeong Y, Lee D, et al. 2002. An integrated Framework for the Assessment of Urban Carrying Capacity [J]. *J. Korea. Plan. Assoc.*, **37**(5): 7-26.

Oh K, Jeong Y, Lee D, et al. 2005. Determining Development Density Using the Urban Carrying Capacity Assessment System [J]. *Landscape and Urban Planning*, **73**: 1-15.

Oh K. 1998. Visual Threshold Carrying Capacity(VTCC) in Urban Landscape Management: A Case Study of Seoul, Korea[J]. *Landscape Urban Plan*, **39**(5): 7-26.

O'reilly A M. 1986. Tourism Carrying Capacity: Concept and Issues [J]. *Tourism Management*, **7**(4): 254-258.

Park R F, Burgess E W. 1921. *An Introduction to the Science of Sociology*[M]. Chicago.

Paul R Ehrlich. 1971. *The Population Bomb*[M]. Ballantine Books.

Pearoe D G, Kirk R M. 1986. Carrying Capacities for Coastal Tourism[J]. *Industry and Environment*, **9**(1): 3-7.

Pitchford J D. 1974. *Population in Economic Growth*[M]. North Holland Publ. Co.

Price D. 1999. Carrying Capacity Reconsidered [J]. *Population and Environment*, **21**(1): 5-26.

Rees W E. 1992. Ecological Footprints and Appropriated Carrying Capacity: What Urban Economies Leaves Out[J]. *Environment and Urbanization*, **4**(2): 121-130.

Rees W E, Wackernagel M. 1996. *Our Ecological Footprint: Reducing Human Impact on the Earth* [M]. New Society Publishers.

Rees W E, Wackernagel M. 1996. Urban Ecological Footprints: Why Cites Cannot be Sustainable and Why They Are a Key to Sustainability[J]. *Environmental Impact Assessment Review*: 224- 248.

Rees W E, Wackernagel M. 1998. Monetary analysis: Turning a Blind Eye on Sustainability[J]. *Ecological Economic*, **29**: 47-52.

Robert Ezra Park, Ernest Watson Burgess. 1921. *Introduction to the Science of Sociology*[M]. University of Chicago Press.

Schreyer R, Roggenbuck J W. 1978. The Influence of Experience Expectations on Crowding Perceptions and Secial-psychological Carrying Capacities[J]. *Leisure Sciences*, **1**(4): 373-394.

Seidl I, Tisdell C A. 1999. Carrying Capacity Reconsidered: from Malthus' population Theory to Cultural Canting Capacity[J]. *Ecological Economics*, **31**(3): 395-408.

Song Xiaomeng, Kong Fanzhe, Zhan Chesheng. 2011. Assessment of Water Resources Carrying Capacity in Tianjin City of China[J]. *Water Resources Management*, **25**: 857-873.

Sowman M R. 1987. A Procedure for Assessing Recreational Carrying Capacity of Coastal Resort Areas[J]. *Landscape & Urban Planning*, **14**(4): 331-344.

The members of the Environmental Planning Laboratory of the University of the Aegean. Defining, Measuring and Evaluating Carrying Capacity in European Tourism Destination. The Environmental Planning Laboratory of the University of the Aegean, Greece, 2001.12.

Trewavas A. 2002. Malthus Foiled Again and Again[J]. *Nature*, 418: 668-670.

UNESCO and FAO. 1985. *Carrying Capacity Assessment with a Pilot Study of Kenya: A Resource Accounting Methodology for Sustainable Development* [M]. Paris and Rome.

Vogt W. 1948. *Road to Survival*[M]. New York, William Sloane Associates.

Wackernagel M, Monfreda C, Schulz B. N, et al. 2004. Calculating National and Global Ecological Footprint Time series: Resolving Conceptual Challenges[J]. *Land Use Policy*, **21**: 271-279.

Wackernagel M, Onisto L, Bello P, et al. 1997. *Ecological Footprints of Nations: How Much Nature Do They Use How Much Nature Do They Have* [M]. Costa Rica: The Earth Council.

Wackernagel M, Onisto L, Bello P, et al. 1999. National Natural Capital Accounting with the Ecological Footprint Concept [J]. *Ecological Economics*, (29): 375-390.

Wackernagel M, Rees W E. 1996. *Our Ecological Footprint: Reducing Human Impact on the Earth* [M]. Philadelphia, PA: New Society Publishers.

Wackernagel M, Rees W E. 1997. Perceptual and Structural Barriers to Investing in Natural Capital: Economics From an Ecological Footprint Perspective[J]. *Ecological Economic*, **20**: 3-24.

Waggoner P E, Ausubel J H. 2002. A Framework for Sustainability Science: A Renovated IPAT Identity [J]. *Proc. Natl. Acad. Sci*, **99**: 7860-7865.

William E Rees. 1992. Ecological Footprints and Appropriated Carrying Capacity: What Urban Economics [J]. *Environment and Urbanization*, **4**(2): 121-130.

WRI and IIED. 1986. World Resources 1986, an Assessment of the Resource Base that Supports the Global Economy[M]. Basic Books Inc., New York.

WWF, UNDP-WCMC, Global Footprint Network. 2000. Living Planet Report 2000 [R]. World Wide Fund for Nature, Gland, Switzerland.

WWF, UNDP-WCMC, Global Footprint Network. 2002. Living Planet Report 2002 [R]. World Wide Fund for Nature, Gland, Switzerland.

WWF, UNDP-WCMC, Global Footprint Network. 2004. Living Planet Report 2004 [R]. World Wide Fund for Nature, Gland, Switzerland.

Young C C. 1998. Defining the Range: The Development of Carrying Capacity in Management Practice[J]. *Journal of History of Biology*, (31):61-83.